Roland Beier

LOKS UND TRIEBWAGEN DER ÖBB

Österreichische Bundesbahnen seit 1947

transpress

Einbandgestaltung: Luis dos Santos
Fotos: R. Beier
Bildnachweis:
Die zur Illustration dieses Buches verwendeten Aufnahmen stammen – wenn nichts anderes vermerkt ist – vom Verfasser.

ISBN 978-3-613-71646-9

1. Auflage 2022

Sie finden uns im Internet unter www.transpress.de

Lektor: Hartmut Lange
Innengestaltung: DÄNEKAS GRAFIK. ILLUSTRATION, 27243 Groß Ippener
Repro: Hannes Dänekas
Druck: DZS GRAFIK d.o.o, 1210 Ljubljana, Slovenia
Bindung: DZS GRAFIK d.o.o, 1210 Ljubljana, Slovenia
Printed in Slovenia

INHALT

VORWORT

Das Staatsbahnwesen in Österreich begann im Jahr 1842 mit der Eröffnung der k.k. Nördlichen Staatsbahn, der weitere Staatsbahnen folgten. Die so genannte erste Staatsbahnära war aber nur von kurzer Dauer, denn durch eine schwere Wirtschaftskrise sah sich die Österreich-Ungarische Monarchie gezwungen, die Staatsbahnen zu verkaufen und solcherart das Budget zu retten. Die Privatbahnära zeigte aber nicht das gewünschte Ergebnis einer gedeihlichen Entwicklung des Eisenbahnnetzes und so kam es 1884 zur Gründung der k.k. Staatsbahnen (kkStB), die mit der Verstaatlichung einherging. In der Folge wurden weitere Privatbahnen verstaatlicht, dieser Prozess wurde erst im Jahr 1909 mit der Verstaatlichung der Staateisenbahngesellschaft (StEG) abgeschlossen. Ab 1915 hieß das Unternehmen k.k. Österreichische Staatsbahnen.

ÖBB 1116 019 *auf der Stadlauerbrücke über die Donau am 9. August 2018*

Der Ausgang des Ersten Weltkriegs hatte zur Folge, dass die Österreich-Ungarische Monarchie zerfiel, am 12. November 1918 wurde in Österreich die Republik ausgerufen. Das bedeutet das Ende der kkStB, deren Nachfolger wurden die Deutsch-Österreichischen Staatsbahnen, die 1919 in Österreichische Staatsbahnen und 1921 in Österreichische Bundesbahnen umbenannt wurden. Um Verwechslungen mit der schweizerischen Oensingen-Balsthal-Bahn zu vermeiden, trug das Unternehmen in der Zwischenkriegszeit die Abkürzung BBÖ. Mit der Verstaatlichung der Südbahngesellschaft im Jahr 1924 kam auch die letzte große Privatbahn in die Hände des Staates.

Mit dem Anschluss Österreichs an das Deutsche Reich im März 1938 kam auch das Ende der BBÖ, die in die DRG eingegliedert wurden. Mit dem Ende des Zweiten Weltkriegs kam es 1945 zunächst zur Gründung der Österreichischen Staatsbahnen, erst 1947 erhielten diese wieder die alte Bezeichnung Österreichische Bundesbahnen, nunmehr jedoch mit der Abkürzung ÖBB.

Mit der europarechtlich geforderten Trennung von Absatz und Infrastruktur wurden die ÖBB mit 1. Januar 2005 neu strukturiert. Unter dem Dach der ÖBB Holding AG befinden sich nunmehr die Absatzgesellschaften ÖBB Personenverkehr AG und Rail Cargo Austria AG, sowie die ÖBB Infrastruktur AG. Die beiden Absatzgesellschaften besitzen gemeinsam die ÖBB Produktion GmbH, die als Eigentümerin der Lokomotiven auftritt. Die Triebwagen sind hingegen Eigentum der ÖBB Personenverkehr AG. Das vorliegende Buch geht jedoch auf diese Differenzierung nicht näher ein, sondern behandelt alle Triebfahrzeuge gemeinsam.

Der Lokomotivpark der ÖBB hat sich in den letzten Jahrzehnten deutlich gewandelt, zahlreiche ältere Baureihen sind aus dem Fahrzeugbestand ausgeschieden. Erfreulicherweise blieb aber eine größere Anzahl an Triebfahrzeugen erhalten. Deren Eigentumsverhältnisse sind vielfältig. Einige gehören verschiedenen Museumsvereinen, andere sind technische Denkmäler der Republik Österreich, werden aber von verschiedenen Vereinen betreut. Auch die ÖBB selbst betrieben seit dem 150-jährigen Eisenbahnjubiläum eine größere Anzahl von Museumsfahrzeugen, haben diese aber in den letzten Jahren an private Institutionen weitergegeben.

Die Liste am Ende des Buches enthält alle bekannten erhaltenen Triebfahrzeuge, die irgendwann den ÖBB oder ihren Vorläufern gehörten. Dabei wurde versucht, nicht nur die in Österreich, sondern auch die im Ausland erhaltenen Fahrzeuge möglichst vollständig zu erfassen. Ein jüngerer Trend ist auch der Verkauf von Triebfahrzeugen an andere Bahnverwaltungen, wo diese weiterverwendet werden. Ebenso erwarben einige Eisenbahnvereine gebrauchte Triebfahrzeuge von den ÖBB und setzen diese zum Teil auch kommerziell ein. Neben der Abgabe älterer nicht mehr benötigter Fahrzeuge fallen in diese Kategorie auch die durch die Privatisierung der ÖBB-Schmalspurstrecken an neue Betreiber abgetretenen Lokomotiven und Triebwagen. Eine entsprechende Tabelle findet sich gleichfalls am Ende des Buches.

Bei der Fülle des verarbeiteten Materials lassen sich kleine Fehler nicht immer vermeiden, auch ist die Quellenlage bei den technischen Daten älterer Fahrzeuge nicht immer eindeutig. Das vorliegende Buch enthält alle jüngeren Baureihen, dazu ältere Baureihen, soweit diese betriebsfähig erhalten sind oder eine betriebsfähige Aufarbeitung in absehbarer Zukunft möglich erscheint.

Roland Beier Wien

Das Bezeichnungssystem der ÖBB ab 1953

Nach der Wiedererlangung der österreichischen Souveränität wurden zunächst die DRG-Nummern an den Triebfahrzeugen beibehalten. Einige Neubauten der ersten Nachkriegszeit wurden zuerst einmal nach dem alten BBÖ-Schema eingereiht, so wurden etwa die ersten Exemplare der heutigen Reihe 1040 als 1170.300 ausgeliefert.

Im Jahr 1952 entschlossen sich die ÖBB dann zur Aufstellung eines neuen Schemas, das 1953 eingeführt wurde. Dabei wurden vierstellige Reihennummern gewählt, deren Tausenderstelle folgende Bedeutung hat:

0	*Dampflokomotiven (führende Nullen werden nicht angeschrieben)*
1	*Elektrolokomotiven*
2	*Diesellokomotiven*
3	*Dampftriebwagen*
4	*Elektrotriebwagen*
5	*Dieseltriebwagen*
6	*Steuerwagen zu Triebwagen*
7	*Zwischenwagen zu Triebwagen, Triebwagenanhänger*
8	*Diensttriebwagen (erst seit 1994)*
9	*Tender*

Dampflokomotiven

Bei den Dampflokomotiven behielt man die Reihenbezeichnungen der DRG weitgehend bei. Der Grund, weshalb man auf die alten BBÖ-Bezeichnungen verzichtete, lag vor allem darin, dass das Ende des Dampfbetriebs absehbar erschien und man dem Personal ein Umlernen ersparen wollte. Änderungen gab es nur bei der Reihe 98 der DRG. Die ÖBB wiesen den Schmalspurlokomotiven die Reihen 98 und 99 zu, weshalb die Lokalbahnlokomotiven der DRG (Reihe 98) neue Reihenbezeichnungen innerhalb der Reihen 80 bis 96 erhielten.

Somit ergab sich die nachstehende Bedeutung der Zehner- und Einerstellen:

01 bis 39	*Schnell- und Personenzuglokomotiven mit Tender*
40 bis 59	*Güterzuglokomotiven mit Tender*
60 bis 79	*Schnell- und Personenzuglokomotiven ohne Tender*
80 bis 96	*Güterzuglokomotiven ohne Tender*
97	*Zahnradlokomotiven*
98 bis 99	*Schmalspurlokomotiven*

Außerdem wurden zusätzlich Hunderterstellen eingeführt, um die Herkunft der Fahrzeuge unterscheiden zu können:

01 bis 5	*ehemalige österreichische Bauarten sowie deutsche Kriegs- und Einheitslokomotiven*
6 bis 8	*Deutsche Länderbahnbauarten*
9	*Sonstige Bauarten ausländischer Herkunft*

Elektrolokomotiven

Bei den Elektrolokomotiven haben die Zehner- und Einerstellen folgende Bedeutung:

01 bis 19	*schnellfahrende Lokomotiven*
20 bis 39	*schwere Güterzuglokomotiven*
40 bis 59	*Lokomotiven für den gemischten Dienst*
60 bis 69	*Verschublokomotiven*
70 bis 89	*Freibleibend (vorläufig durch Altbaulokomotiven besetzt)*
90 bis 99	*Schmalspurlokomotiven*

Die Hunderterstelle wird zur weiteren Unterscheidung von Unterbauarten benützt:

01 bis 7	*Wechselstromfahrzeuge*
8	*Zweisystemfahrzeuge (Wechsel- und Gleichstrom)*
9	*Gleichstromfahrzeuge*

Diesellokomotiven

Bei den Zehner- und Einerstellen nimmt man keine Rücksicht auf die Art der Leistungsübertragung, sondern unterscheidet vor allem nach der Leistung:

01 bis 19	*Schnellzuglokomotiven über 2000 PS*
20 bis 39	*Güterzuglokomotiven über 2000 PS*
40 bis 59	*Lokomotiven für gemischte Verwendung mit 1000 PS bis 2000 PS*
60 bis 64	*zweiachsige Lokomotiven unter 1000 PS*
65 bis 67	*dreiachsige Lokomotiven unter 1000 PS*
68 bis 69	*vierachsige Verschublokomotiven über 1000 PS*
70 bis 79	*vierachsige Lokomotiven unter 1000 PS*
80 bis 89	*Zahnradlokomotiven*
90 bis 99	*Schmalspurlokomotiven*

Triebwagen

Die Zehner- und Einerstelle wird wiederum für die Einteilung nach dem Verwendungszweck herangezogen, die Systematik ist dabei für alle Antriebsarten dieselbe:

01 bis 19	*Schnelltriebwagen*
20 bis 59	*Personentriebwagen*
60 bis 79	*Gepäck- und Gütertriebwagen*
80 bis 89	*Schienenbusse*
90 bis 99	*Schmalspurtriebwagen*

EDV-Nummern seit 1985

1985 wurde von den ÖBB eine computergerechte Nummerierung der Triebfahrzeuge vorgenommen. Da mit Ausnahme der Kleinlokomotiven keine Buchstaben in der Reihenbezeichnungen vorkamen, konnten diese beibehalten werden. Die ÖBB entschlossen sich für eine achtstellige Nummerierung, wobei die Ordnungsnummer nunmehr grundsätzlich dreistellig ist und mit einer Kontrollziffer ergänzt wird. Bei dieser Gelegenheit wurden die noch vorhandenen Kleinloks der Reihen X111 ff. in 0111 ff. umnummeriert.

Zwölfstellige Fahrzeugnummern seit 2007

Seit dem 1.1.2007 erfolgt die Fahrzeugkennzeichnung nach den Vorschriften des Anhang P der »Technische Spezifikation für die Interoperabilität (TSI) des Teilsystems Verkehrsbetrieb und Verkehrssteuerung«. Danach besteht sie aus der unterstrichenen Länderkennung (A für Österreich, D für Deutschland usw.) gefolgt vom Fahrzeughalterkennzeichen. Daran schließt sich die

12stellige Fahrzeugnummer an. Die ÖBB schreiben die 12stellige Fahrzeugnummer nur an den Längsträgern an, an den Stirnfronten findet sich nur die 7stellige Nummer (ohne Kontrollziffer). Diese Kurznummern wurden gegenüber dem bisherigen Schema nicht verändert, um keine Verwirrung zu stiften. Nachdem jetzt aber auch die Triebfahrzeuge anderer Bahnen in diesem Schema einzuordnen sind, wurde für neue Bauarten ein leicht adaptiertes Schema eingeführt, das wie folgt aussieht:

Tausenderstelle:

0	*Dampflokomotive*
1	*Elektrolokomotive*
2	*Diesellokomotive*
3	*Hybridlokomotive*
4	*Elektrischer Triebwagen*
5	*Dieseltriebwagen*
6	*Steuerwagen zu Triebwagen*
7	*Zwischen- oder Beiwagen zu Triebwagen*
8	*Tender zu Dampflokomotiven*
9	*Sonderfahrzeuge*

Hunderterstelle Elektrolokomotiven und -triebwagen:

0-6	*Einsystemfahrzeuge Wechselstrom*
7	*Mehrsystemfahrzeuge Wechselstrom*
8	*Mehrsystemfahrzeuge Wechselstrom/Gleichstrom*
9	*Einsystemfahrzeuge Gleichstrom*

Hunderterstelle Diesellokomotiven:

0-8	*Vollbahnfahrzeuge*
9	*Werklokomotiven*

Zehner- und Einerstelle Elektrolokomotiven:

00 bis 19	*Vmax größer 160 km/h*
20 bis 39	*bleibt frei*
40 bis 59	*Vmax bis 160 km/h*
60 bis 69	*Verschubloks*
70 bis 89	*bleibt frei*
90 bis 99	*Schmalspurloks*

Zehner- und Einerstelle Diesellokomotiven:

00 bis 19	*Personenzugloks > 1.500 kW*
20 bis 39	*Güterzugloks > 1.500 kW*
40 bis 59	*750 bis 1.500 kW*
60 bis 79	*< 750 kW*
80 bis 89	*bleibt frei*
90 bis 99	*Schmalspur*

Zehner- und Einerstelle Triebwagen:

00 bis 19	*> 160 km/h*
20 bis 89	*< 160 km/h*
90 bis 99	*Schmalspur*

Allerdings wird das beschriebene System bei einigen Neubaufahrzeugen nicht immer eingehalten. So müsste die Zweisystem-Wechselstromlokomotive 1116 eigentlich 1716 heißen und die Mehrsystem-Wechselstrom/Gleichstromlokomotive 1216 hieße 1816. Die neuen Vectron-Lokomotiven der ÖBB Reihe 1293 wären nach dem beschriebenen System eigentlich Schmalspurlokomotiven. Offenbar hat man sich jedoch an die deutsche Reihenbezeichnung 193 angelehnt. Die Ziffer »2« an der Hunderterstelle bedeutet wie schon bei den ebenfalls unsystematischen 1216, dass es sich um eine Mehrsystem-Wechselstrom/Gleichstromlokomotive handelt. Hingegen entspricht die Bezeichnung der Triebwagenreihen 4744 und 4746 dem beschriebenen Schema.

Privatbahn	kkStB	BBÖ	DRG	ÖBB
Südbahn 17c	-	503	-	-
Südbahn 29	-	49	53.71	153
Nordbahn LICAON	289	289	-	-
NÖLB STAMMERSDORF	-	296	-	-
	310	310	16	16
		113	33.1	33
Südbahn 109		209	38.41	38
			38.1	638
			50	50
			52	52
	170	170	56.31	56
			57.1	657
bay. Pt 2/3			70.0	770
	629	629	77.2	77
		729	78.6	78
	97	97	98.70	89
	30	30	90.10	90
	199	199	98.13	91
	178	178	92.22	92
		478	92.25	392
		378	93.13	93
	69	69	97.2	97
	269	269	97.3	197
	U	U	99.78	298
Steyrtalbahn	-	-	99.78	298.1
NÖLB Uv	-	Uv	99.8	298.2
NÖLB Uh	-	Bh	99.8	398
		Uh	99.8	498
	Yv	Yv	99.9	598
HF				898
NÖLB Mh	-	Mh	99.11	399
		Kh	99.12	499
HF KDL 11	-	-	-	699
HF KDL 11	-	-	-	699.1
Schneebergbahn	-	Zz	99.73	999
Schafbergbahn	-	Z	99.73	999.1
				999.2
		DT 1	71.5	3071
				1010
				1110
				1110.5
				1012
				1014
				1016
				1116
				1216
			E 18.2	1018
			E 94	1020
				1822
		1170.300		1040
				1041
				1141
				1042
				1043
				1142
				1044
				1144
		1170	E 45	1045
		1170.100	E 45.1	1145
		1170.200	E 45.2	1245
				1046
				1161
				1062

Privatbahn	kkStB	BBÖ	DRG	ÖBB
Schafbergbahn				1063
				1163
				1064
		1670	E 22	1670
LWP Ewp	-	1005	E 72	1072
		1080	E 88	1080
		1080.100	E 88.1	1180
		1100.100	E 89.1	1189
				1293
NÖLB E	-	E	E 99	1099
				2016
				2043
				2143
				2045
				2048
				2050
				2060, X260
				2062, X262
				2066
				2067
				2068
				2070
				2080, 2180
		2021/s	V 12.9	2090
		2040/s	V 15.9	2190
		2041/s	Pw4vT 137	2091
HF 130C	-	-	-	2092
		2070/s	V 20.9	2093
				2095
				2096
				4010
				4011
				4020
				4023
				4024, 4124
				4030.2
		ET 10	ET 83	4041
				4042
				4744, 4746
				4855
				4758
				4061
				4090
				5022
		VT 41	C4ivT 880	5041
		VT 42	C4ivT 890	5042
		VT 44	C4ivT 905	5044
				5144
				5145
				5046, 5146
				5047
				5147
				5081, 8081
				5090
				5099
			Kb	X111
			Kö	X112
			Köe	X130
			Kbf, Köf	X150

ÖBB 109.13 + MÁV 109.109 *bei der Ausfahrt aus dem Weinzettelwandtunnel der Semmeringbahn am 11. Juni 2006*

Südbahn 17 c (503)

1881 hatte die Südbahngesellschaft eine neue Schnellzugdampflok mit der Reihenbezeichnung 17a in Dienst gestellt. 1885 erschienen die ersten Exemplare der daraus weiterentwickelten Reihe 17c. Diese wurde die Standard-Schnellzuglok der Südbahn, bis 1901 wurden 61 Exemplare gebaut. Die Maschinen hatten wie auch die 17a Außenrahmen, Hallsche Kurbeln, Stephenson-Steuerung sowie Vakuumbremse und waren daher für ihre Zeit eher als antiquiert zu bezeichnen. Sie wurden von der Lokomotivfabrik Floridsdorf, später aber auch noch von der Wiener Neustädter Lokomotivfabrik und in Budapest gebaut. Nach dem Ersten Weltkrieg wurden die 17c aufgeteilt: in Jugoslawien wurden sie zur JDŽ-Reihe 103 und in Ungarn zur MÁV-Reihe 226. 23 Exemplare kamen 1924 noch als 503.01-23 an die BBÖ, vier Maschinen waren zu diesem Zeitpunkt im Besitz der privaten GKB, die 1925 noch vier weitere von den BBÖ erwarb. Die BBÖ schieden die restlichen Lokomotiven bis 1932 aus, doch die acht Stück der GKB erlebten dort als Personenzuglokomotiven einen zweiten Frühling. Erst 1967 schied die letzte Maschine aus dem Betriebsdienst aus. Die 17c 372 wird heute im Museum Strasshof betriebsfähig erhalten, die 17c 415 wurde im Bahnpark Augsburg als Schaustück aufgearbeitet und die 17c 406 befindet sich im Eisenbahnmuseum Ljubljana.

Bauart:	**2'B-n2**
Anzahl:	**62**
Vmax:	**80 km/h**
Dienstgewicht:	**42,4 t**
Inbetriebsetzung:	**1885-1891**
Ausmusterung:	**bis 1967**
Verkauf:	**372, 398, 399, 400, 403, 406, 409, 415 an GKB**
Anstrich:	**schwarz**

Südbahn 29 (49)

Ab 1860 beschaffte die Südbahngesellschaft für den Güterverkehr eine große Zahl von C-n2 Lokomotiven. Sie trugen zunächst die Bezeichnung Reihe 23. Im Jahr 1864 wurde diese in Reihe 29 geändert. Bis 1872 erhöhte sich der Bestand auf insgesamt 205 Lokomotiven der Reihe 29. Im Lauf ihres Lebens erhielten zahlreiche Loks leistungsfähigere Kessel und eine längere Rauchkammer. An sonstigen Zutaten kam dann vor allem eine geräumige Überdachung des Führerstands hinzu, die ersten Exemplare waren noch in offenem Zustand abgeliefert worden. Bei der Aufteilung nach dem Ersten Weltkrieg verblieben die Maschinen der Reihe 29 in Jugoslawien (JDŽ Reihe 124), Ungarn (MÁV Reihe 332), Italien (FS Reihe 193) und Österreich. 1924 übernahmen die BBÖ anlässlich der Verstaatlichung der Südbahn 47 Stück als 49.01-47, elf Loks gingen an die GKB, die 1925 noch weitere fünf Exemplare von den BBÖ übernahmen. Einige der BBÖ-Loks wurden noch von der DRG als 53 7111-7116 umgezeichnet. Die ÖBB übernahmen nach dem Zweiten Weltkrieg noch die 153.7114, die 1958 ausschied und im Museum Strasshof erhalten blieb. Bei der GKB stand die Südbahn Reihe 29 noch bis Mitte der sechziger Jahre in Betrieb. Heute ist auf der GKB die 671 als Nostalgielokomotive wieder in Betrieb. Die 674 befindet sich im Eisenbahnmuseum Budapest, die 680 im Deutschen Technikmuseum Berlin und die 718 im Eisenbahnmuseum Ljubljana.

Bauart:	C-n2
Anzahl:	205
Vmax:	45 km/h
Dienstgewicht:	65,6 t
Inbetriebsetzung:	1860-1872
Ausmusterung:	bis 1965
Verkauf:	19 Stück an GKB
Anstrich:	dunkelgrün

Nordbahn LICAON (289)

Zwischen 1849 und 1852 hatte die Kaiser-Ferdinand-Nordbahn (KFNB) 54 Stück 1B-Schlepptenderloks für den Güterverkehr beschafft, darunter auch die LICAON. Zwischen 1868 und 1882 wurden 34 Stück in Tenderlokomotiven für den Verschubdienst umgebaut, die LICAON traf dieses Schicksal im Jahr 1872. Die Loks erhielten dabei als besonderes Charakteristikum einen Satteltank. 1907 wurde die KFNB verstaatlicht, 18 Loks kamen als Reihe 289 zur kkStB. Die BBÖ übernahm noch acht Stück, die bis 1925 ausschieden. Lediglich die 289.10 (ex LICAON) überlebte als Werklokomotive einer Salzburger Brauerei, wo sie bis 1937 im Einsatz war. Dann wurde sie an das Technische Museum abgegeben. 1985 wurde sie nach langer Aufstellungszeit als Denkmal in Linz vom Sockel geholt und anlässlich des Jubiläumsjahrs 1987 als LICAON wieder in Betrieb genommen. Zu diesem Zweck erhielt sie auch eine Druckluftbremse, die unauffällig in einem stets mitgeführten Dienstwagen untergebracht ist. Sie blieb bis 2004 in betriebsfähigem Zustand im Eisenbahnmuseum Strasshof. Heute gehört die Lokomotive zum Bestand des Technischen Museums Wien, befindet jedoch nicht öffentlich zugänglich im Depot Haringsee.

Bauart:	1'B-n2t
Anzahl:	34
Vmax:	40 km/h
Dienstgewicht:	33 t
Inbetriebsetzung:	1868
Ausmusterung:	bis 1925
Verkauf:	289.10 an Brauerei Stiegl
Anstrich:	grün

NÖLB STAMMERSDORF (296)

Die Wiener Dampftramwaygesellschaft Krauss & Co. (DTKC) betrieb neben den Stadtstrecken auch die 1896 eröffnete Lokalbahn Stammersdorf – Auersthal. Auf dieser kamen zunächst rund 60 bis 100 PS starke Tramwaylokomotiven zum Einsatz. 1904 beschaffte die Gesellschaft für diese Bahnlinie bei der Lokomotivfabrik Krauss & Co. in Linz zwei Lokalbahnlokomotiven mit den Bezeichnungen 31 STAMMERSDORF und 32 AUERSTHAL. Sie waren als Lokalbahnlokomotiven und nicht als Tramwaylokomotiven ausgeführt und besaßen daher auch vollbahnmäßige Zug- und Stoßvorrichtungen. Die beiden Maschinen leisteten rund 150 PS. 1907 wurden die Stadtstrecken der DTKC von der Gemeinde Wien übernommen, die Lokalbahn blieb aber selbständig und wurde ab 1908 vom Niederösterreichischen Landeseisenbahnamt betrieben. 1913 übernahmen die umfirmierten Niederösterreichischen Landesbahnen (NÖLB) die Strecke und die beiden Lokomotiven kamen als 6.01-02 in den Bestand der NÖLB. 1922 wurden die NÖLB verstaatlicht, die BBÖ bezeichnete die beiden Maschinen fortan als 296.01-02. 1932 wurde die 296.01 an die Lamingtaler Schleppbahn verkauft, die andere Lokomotive kassierten die BBÖ im Jahr 1934. Die Werkbahnlok überdauerte den Zweiten Weltkrieg. Später kam sie zur Mürztaler Papierfabrik, wo sie lange Jahre abgestellt war, ehe sie von der Museumstramway Mariazell erworben wurde. Dort wurde sie wieder in ihren Lieferzustand als STAMMERSDORF versetzt und betriebsfähig aufgearbeitet.

Bauart:	**C-n2t**
Anzahl:	**2**
Vmax:	**40 km/h**
Dienstgewicht:	**21,7 t**
Inbetriebsetzung:	**1904**
Ausmusterung:	**1934**
Verkauf:	**296.01 an Schleppbahn Lamingtal**
Anstrich:	**schwarz**

16 (310)

Für den hochwertigen Schnellzugdienst baute der geniale Konstrukteur Carl Gölsdorf ab 1908 die 1C2-n4v Reihe 210 für die kkStB. Die Achsfolge ermöglichte die Unterbringung einer großen Feuerbüchse, die wegen des oft geringen Heizwerts der verwendeten Kohle erforderlich war. Die positiven Erfahrungen mit der Heißdampfeinrichtung der preußischen P8 bewogen Gölsdorf, von der 210 eine Heißdampfausführung zu bauen, die 310 hieß und von 1911 bis 1916 in 90 Exemplaren von der Lokomotivfabrik Floridsdorf, der Wiener Neustädter Lokomotivfabrik, der Böhmisch-Mährischen Maschinenfabrik, der Lokomotivfabrik der StEG und der böhmischen Firma Breitfeld & Daněk geliefert wurde. 1918 lieferte Floridsdorf nochmals zehn bereits im Jahr 1915 bestellte Lokomotiven der Reihe 310.300 mit Brotankessel. Diese wurden von den BBÖ aber nur teilweise und kurzzeitig übernommen. Sieben gingen 1919 als S11 an die KPEV und drei als Reihe Pn12 an die PKP. Diese übernahm dann auch die S11 der KPEV.

Nach 1918 verblieben 43 Exemplare in Österreich, 35 Stück kamen als Reihe 375.0 zur ČSD in die Tschechoslowakei und zwölf Maschinen als Reihe Pn12 zur PKP nach Polen. Die DRG bezeichnete die BBÖ-Lokomotiven schließlich als Reihe 16, hinzu kamen noch einige Pn12 aus Polen. 1945 fanden sich in Österreich 36 ehemalige BBÖ-Exemplare der Reihe 16, dazu kamen 16 polnische Maschinen. Die meisten wurden bald kassiert oder nach Polen zurückgegeben. Im Jahr 1953 wurden nur noch fünf Lokomotiven ins ÖBB-Schema übernommen, die aber nur bis 1957 eingesetzt wurden. Weitere Exemplare waren bis etwa 1950 auch bei den ČSD als Reihe 375 im Einsatz. Die 375.007 befindet sich im Technischen Nationalmuseum in Prag. Die ÖBB 16.08 wurde schließlich dem Eisenbahnmuseum Strasshof überantwortet und im Jubiläumsjahr 1987 mit ihrer ursprünglichen Bezeichnung 310.23 wieder in Betrieb genommen. Nach einer Hauptuntersuchung ist sie nunmehr wieder einsatzbereit und befindet sich im Museum in Strasshof.

Bauart:	C-n2t v
Anzahl:	90
Vmax:	100 km/h
Dienstgewicht:	86 t
Inbetriebsetzung:	1911-1916
Ausmusterung:	bis 1957
Anstrich:	schwarz

33

Da die Reihe 310 lediglich für Flachlandstrecken geeignet war, beschafften die BBÖ ab 1923 neue Schnellzuglokomotiven für die Westbahnstrecke mit der Achsfolge 2'D als Reihe 113. Dies war auch den höheren Zuggewichten geschuldet, die der Ersatz der Holzkastenwagen durch solche mit Stahlkasten verursachte. Bei der Konstruktion der als BBÖ Reihe 113 bezeichneten Maschinen lehnte man sich konstruktiv an die Reihe 570 der Südbahn an. Insgesamt wurden bis 1928 von der Lokomotivfabrik Floridsdorf und der Lokomotivfabrik der StEG 40 Exemplare gebaut. Die PKP beschaffte ab 1924 insgesamt 60 nahezu unveränderte Nachbauten als Os 24. Wegen ihres Treibraddurchmessers von unter 1,8 m wurden die BBÖ-Loks von der DRG als Personenzuglokomotive Reihe 33.1 eingeordnet, die PKP Os24 erhielten die Bezeichnung 33.2. Dessen ungeachtet wurde die ursprüngliche Höchstgeschwindigkeit von 85 km/h jedoch auf 100 km/h erhöht. Fünf Lokomotiven der Reihe 33.1 blieben 1945 als Reihe 10 in Jugoslawien, zwei gelangten an die ČSD und 33 Maschinen kamen in den Bestand der ÖBB. Hier bildeten sie lange Jahre das Rückgrat des Schnellzugverkehrs auf den nichtelektrifizierten Strecken. Mit Ausnahme der 33.116 wurden alle Maschinen der ÖBB mit einem Giesl-Flachschornstein ausgerüstet. Bis 1968 wurden die Lokomotiven ausgemustert. Die 33.102 blieb als Museumsstück erhalten und befindet sich im Eisenbahnmuseum Strasshof. 1985 erwarb B&B in Jugoslawien die JŽ 10-005 (ex BBÖ 113.32) und nahm sie unter der Bezeichnung 33.132 wieder in Betrieb. Inzwischen sind ihre Fristen jedoch abgelaufen. Von der polnischen Schwestertype blieb die Os24-7 (DRG 33 215) im Eisenbahnmuseum Warschau erhalten, wo sie die (nicht korrekte) Nummer Os24-10 trägt.

Bauart:	**2'D-h2**
Anzahl:	**40**
Vmax:	**100 km/h**
Dienstgewicht:	**85 t**
Inbetriebsetzung:	**1923-1928**
Ausmusterung:	**bis 1968**
Anstrich:	**schwarz**

38 (109)

Ab 1910 beschaffte die Südbahngesellschaft neue 2C-Schnellzugloks in Heißdampfausführung als Nachfolgerin der 2C-Reihe 32f. Sie konnten im Flachland 90 km/h erreichen, waren aber auch auf Bergstrecken gut einsetzbar. Mit diesen Maschinen konnte die Reisezeit zwischen Wien und Triest von 13,5 auf 10,5 Stunden herabgesetzt werden. Zwischen 1910 und 1914 stellte die Südbahn 44 Lokomotiven als Reihe 109 in Dienst. Hersteller waren die Lokomotivfabrik der StEG, die Lokomotivfabrik Floridsdorf und die Wiener Neustädter Lokomotivfabrik. Nach 1918 verbleiben 17 Exemplare in Österreich, je 13 Loks blieben in Italien (FS Reihe 653) und Jugoslawien (JDŽ Reihe 03) und eine in Ungarn (MÁV Reihe 302.6). In Ungarn waren außerdem neun Lokomotiven als Reihe 109.1 gebaut worden, die alle zu MÁV kamen. Die BBÖ bezeichneten ihre Lokomotiven ab dem Jahr 1924 als nunmehrige Reihe 209, da die Reihe 109 bereits von ehemaligen StEG-Maschinen besetzt war. Die DRG übernahm alle Loks der BBÖ als 38 4101-4117 und setzte sie unter anderem vor Korridorzügen Wien – Berlin ein. Elf Stück kamen noch in den Bestand der ÖBB, acht davon erhielten Giesl-Flachschornsteine mit Siederohrdrosselung, wodurch die Leistung um 30 % gesteigert wurde. Die letzten Einsätze endeten 1967. Die 38.4101 wurde im Eisenbahnmuseum Strasshof aufbewahrt und als 109.13 wieder betriebsfähig aufgearbeitet. Ein weiteres aktives Mitglied dieser Baureihe gibt es in Ungarn (109.109), in Slowenien wird die 03-002 im Eisenbahnmuseum Ljubljana für die Nachwelt bewahrt.

Bauart:	**2'C-h2**
Anzahl:	**44**
Vmax:	**90 km/h**
Dienstgewicht:	**67 t**
Stundenleistung:	**1140 kW**
Inbetriebsetzung:	**1910-1914**
Ausmusterung:	**bis 1968**
Anstrich:	**schwarz**

638

Ab 1906 erhielten die Preußischen Staatseisenbahnen mit der 2'C-Maschine der Gattung P 8 eine neue Personenzuglokomotive in Heißdampfausführung. Rund 3.800 Exemplare wurden gebaut, viele von ihnen gelangten als Baureihe 38.10-40 in den Bestand der DRG. Einige dieser Lokomotiven kamen während des Zweiten Weltkriegs auch auf österreichischem Gebiet zum Einsatz, 13 Exemplare verblieben dort nach 1945. Nach Abgaben an die DB und an die Sowjetunion verblieben den ÖBB fünf Maschinen, die im Jahr 1953 als Reihe 638 bezeichnet wurden. Sie stammten von Schwarzkopf, Humboldt, Schichau und Henschel. Zunächst waren sie in Wien West beheimatet, dann kamen sie nach Linz und schließlich nach Wels. Als letzte ihrer Art wurde die 638.2692 im Jahr 1966 kassiert. Einige P 8 der Preußischen Staatseisenbahnen waren nach dem Ersten Weltkrieg in Rumänien verblieben, weitere Exemplare wurden in der Folge als Reparationen nach Rumänien geliefert. Alle bezeichnete die CFR als Reihe 230. Im Jahr 2004 erwarb die ÖGEG zwei Maschinen dieser Bauart aus Rumänien, wobei die 1935 bei Reşiţa gebaute CFR 230.301 mit der fiktiven Nummer ÖBB 638.1301 für Sonderfahrten betriebsfähig gemacht wurde. Die CFR 230.174 ist abgestellt.

Bauart:	**2'C-h2**
Anzahl:	**ca. 3.800**
Vmax:	**110 km/h**
Dienstgewicht:	**70 t**
Stundenleistung:	**868 kW**
Inbetriebsetzung:	**1908-1926**
Ausmusterung:	**bis 1966 (ÖBB)**
Anstrich:	**schwarz**

50

1937 entschloss sich die DRG zur Beschaffung der 1'E Einheitslokomotiven der Baureihe 50, deren Lieferung im April 1939 begann. Der Rahmen war als Barrenrahmen ausgeführt. Die Laufachse und die erste Kuppelachse bildeten ein Krauss-Helmholtz-Lenkgestell. Die erste und die fünfte Achse waren seitenverschiebbar gelagert. Ab 1942 wurde die Reihe 50 als vereinfachte Übergangs-Kriegslokomotive ohne Windleitbleche, Frontschürze und zweites Führerhausseitenfenster als Reihe 50 ÜK gebaut. Von der Reihe 50 wurden zwischen 1939 und 1942 auch 368 Exemplare in der Lokomotivfabrik Floridsdorf hergestellt. 190 Maschinen kamen zunächst im Gebiet des ehemaligen Österreich zum Einsatz. Nach dem Zweiten Weltkrieg befanden sich 17 Maschinen in Österreich, von denen eine kassiert und vier in den Osten abgegeben wurden. Laut Umzeichnungsplan von 1953 befanden sich zwölf Maschinen im Bestand der ÖBB, darunter vier der Unterbauart: 50 ÜK. Alle Lokomotiven waren in Linz stationiert und wurden bis 1972 kassiert. Drei Maschinen (50.685, 1171 und 1805) kaufte die GKB und nahm zwei wieder in Betrieb, 50.1805 blieb Ersatzteilspender. 1978 schieden sie aus dem Betriebsstand der GKB, 50.1171 blieb jedoch für Museumszüge erhalten. 1994 wurde die Lok schließlich an B&B verkauft und 1995 betriebsfähig aufgearbeitet. Die 50.685 der GKB blieb im Technikmuseum Speyer erhalten. Die 1948 an Rumänien abgetretene und dort als CFR 150.1114 bezeichnete ehemalige 50 517 steht heute als Denkmal in Braşov.

Bauart:	1'E-h2
Anzahl:	3.164
Vmax:	80 km/h
Dienstgewicht:	135 t
Stundenleistung:	1625 kW
Inbetriebsetzung:	1938-1943
Ausmusterung:	bis 1978
Verkauf:	50.685, 50.1171, 50.1805 an GKB
Anstrich:	schwarz

52

Die Einheitslokomotiven der DRG-Baureihe 50 erwiesen sich während des Zweiten Weltkriegs für eine Großserienproduktion als zu aufwendig und teuer. Daher wurde daraus eine vereinfachte Kriegslokomotive mit 15 Tonnen Achslast, die einen 1200-Tonnen-Zug mit 65 km/h in der Ebene befördern konnte, abgeleitet und als Reihe 52 bezeichnet. Die Produktion der Kriegslokomotiven der Reihe 52 für die DRG erfolgte in nahezu allen Lokomotivfabriken im damaligen Reichsgebiet, insgesamt wurden an die 7000 Exemplare gebaut. Die Herstellung wurde teilweise auch in der Lokomotivfabrik Floridsdorf vorgenommen, die insgesamt 1172 Stück an die DRG lieferte. Ab 1943 kamen sie auf österreichischen Strecken zum Einsatz. 1945 befanden sich über 700 Exemplare in Österreich, darunter zahlreiche Rückführungslokomotiven. Mehr als die Hälfte wurde bis 1948 in die Sowjetunion abgefahren, 307 Stück kamen 1953 in den Bestand der ÖBB. Davon wurden 271 (mit Blechrahmen) als Reihe 52 und 36 (mit Barrenrahmen) als Reihe 152 eingereiht. Knapp die Hälfte der Loks erhielt bei den ÖBB Giesl-Flachschornsteine, 40 Exemplare wurden mit Heinl-Mischvorwärmern ausgestattet. Die Wannentender wurden teilweise in Kabinentender umgebaut, wobei sie ein Zugführerabteil erhielten. Die letzten Exemplare standen 1976 noch beim Heizhaus Strasshof im Einsatz, das heute ein Museum ist. Ende 1976 beendeten die ÖBB den Planeinsatz der Reihe 52. Bei verschiedenen Museumsbahnvereinen blieben jedoch einige Exemplare unterschiedlicher Ausführung betriebsfähig erhalten.

Bauart:	**1'E-h2**
Anzahl:	**ca. 6.900**
Vmax:	**80 km/h**
Dienstgewicht:	**130 t**
Stundenleistung:	**1192 kW**
Inbetriebsetzung:	**1942-1945**
Ausmusterung:	**bis 1976**
Verkauf:	**13 Stück an GKB**
Anstrich:	**schwarz**

56

Für den Güterverkehr auf der Arlbergstrecke, auf dem sich die Dreikuppler zunehmend als zu schwach erwiesen, entwarf Gölsdorf einen Vierkuppler, der ab 1897 als Reihe 170 für die kkStB gebaut wurde. Die Maschine besaß ein Verbundtriebwerk und ein Teil der Radsätze war seitenverschiebbar gelagert, um eine bessere Kurvenläufigkeit zu erzielen. Die Lokomotiven hatten zwei Dampfdome mit Verbindungsrohr. Die Konstruktion bewährte sich sehr gut und so wurden insgesamt 796 Stück für die kkStB und deren Nachfolger Österreichische Staatsbahnen gebaut. Hersteller waren die Lokomotivfabriken Wiener Neustadt, Floridsdorf und Krauss in Linz, dazu die Maschinenfabrik der StEG sowie die Böhmisch-Mährische Maschinenfabrik und Breitfeld & Daněk. Diesen folgten noch 54 Maschinen für die Südbahn, die sich nur geringfügig von den kkStB-Loks unterschieden. Die meisten kkStB 170er fielen nach dem Ersten Weltkrieg an die CSD. Weitere Lokomotiven gingen an Polen, Rumänien und Jugoslawien. Von den bei den BBÖ verbliebenen Loks kamen 209 Stück als Reihe 56.31-33 zur DRG. 1945 befanden sich in Österreich noch 63 Exemplare, darunter auch einige aus Tschechien, Polen und Jugoslawien. Die meisten wurden bis 1953 kassiert oder in den Osten abgefahren. 1951 übernahm die GKB acht Loks, bei den ÖBB waren 1953 weitere acht im Bestand, die 1955 gleichfalls an die GKB verkauft wurden. Dort schieden die meisten Maschinen bis 1973 aus dem Betriebsdienst, nur die 56.3115 blieb im Eisenbahnmuseum Lieboch bis heute erhalten.

Bauart:	1'D-n2v
Anzahl:	937
Vmax:	60 km/h
Dienstgewicht:	69 t
Inbetriebsetzung:	1897
Ausmusterung:	bis 1973 (GKB)
Verkauf:	16 Stück an GKB
Anstrich:	schwarz

657

Die Dampflokomotiven der Gattung G 10 der Preußischen Staatseisenbahnen wurden ab 1910 als Güterzug-Schlepptenderloks gebaut. Sie entstanden auf Basis des Fahrgestells der T 16 und des Kessels der P 8. Bei der Entwicklung der G 10 wurde das Fahrwerk der T 16 mit der seitenverschiebbaren ersten und fünften Achse deutlich modifiziert. Die G 10 war für den schweren Güterzugdienst auf Hauptstrecken vorgesehen, durch ihre niedrigere Achslast konnte sie aber flexibler als die in etwa leistungsgleiche G 8.1 eingesetzt werden. Einschließlich der Lieferungen für den Export wurden rund 3.000 Exemplare gebaut, bei der DRG wurden sie als Reihe 57.10 bezeichnet. Zahlreiche Loks verschlug es im Zweiten Weltkrieg nach Österreich, da die Deutsche Wehrmacht zahlreiche altösterreichische Loks für Sondertransporte an die MÁV vermietet hatte. 1945 waren noch insgesamt 178 Exemplare der Reihe 57.10 in Österreich. Ein Teil wurde von den sowjetischen Besatzern nach Osten abgefahren. 96 Stück wurden 1953 noch als Reihe 657 bezeichnet. Die letzten Exemplare wurden bei den ÖBB im Jahr 1968 ausgemustert. Die ÖGEG erwarb 2004 zwei Lokomotiven dieser Bauart aus Rumänien (CFR Reihe 50.1). Eine davon wurde betriebsfähig aufgearbeitet und steht mit der fiktiven Nummer 657.2770 im Museum Ampflwang für Sonderfahrten zur Verfügung.

Bauart:	**E-h2**
Anzahl:	**96 (ÖBB)**
Vmax:	**60 km/h**
Dienstgewicht:	**77 t**
Stundenleistung:	**809 kW**
Inbetriebsetzung:	**1910-1925**
Ausmusterung:	**bis 1968 (ÖBB)**
Anstrich:	**schwarz**

770

Ab dem Jahr 1909 hatte Krauss in München für die Bayerischen Staatseisenbahnen insgesamt 97 Exemplare der Gattung Pt 2/3 als zweizylindrige Heißdampf-Tenderlokomotiven für leichte Personenzüge gebaut. Diese fielen durch ihren langen Radstand mit weit vorgelagerter Laufachse und zwei unter dem Stehkessel liegenden Kuppelachsen auf und sollten der Konkurrenz durch Dampftriebwagen entgegenwirken. Mit der Pt 2/3 konnte in der Ebene eine Zuglast von 375 t mit 65 km/h sowie auf einer Steigung von 14 Promille immerhin noch eine Zuglast von 265 t mit 15 km/h bewältigt werden. Alle Maschinen übernahm die DRG als Reihe 70.0. Nach dem Zweiten Weltkrieg verblieben vier Stück – 70 086, 092, 095 und 096 – in Innsbruck und Wörgl. Sie wurden bald nach Pöchlarn umstationiert und 1953 in Reihe 770 umnummeriert. Haupteinsatzgebiet der Lokomotiven war die Strecke Pöchlarn – Kienberg-Gaming. Während ihre deutschen Schwestern bis 1963 ausgemustert wurden, überlebten die Österreicherinnen bis 1968. 770.86 stand jahrelang als Denkmal in Pöchlarn und wurde in der Folge von B&B wieder betriebsfähig aufgearbeitet. Heute befindet sie sich im Museum in Ampflwang.

Bauart:	**1'B-h2t**
Anzahl:	**97**
Vmax:	**65 km/h**
Dienstgewicht:	**100 km/h**
Stundenleistung:	**310 kW**
Inbetriebsetzung:	**1909-1916**
Ausmusterung:	**1968**
Anstrich:	**schwarz**

77

Die Südbahngesellschaft beschaffte ab 1913 diese Tenderlokomotiven unter Maschinendirektor Prossy. Bis 1915 waren bereits 15 Loks von der Maschinenfabrik der StEG und der Lokomotivfabrik Wiener Neustadt ausgeliefert. Auch die kkStB hatten Interesse an dieser Bauart, da sie damit unwirtschaftliche Schlepptenderlokomotiven ablösen wollten. Sie beschafften daher 1917/18 25 Stück (629.01-25) in nahezu unveränderter Form.

Nach dem Ersten Weltkrieg wurden die kkStB 629 zwischen BBÖ und CSD aufgeteilt. 1920-1922 wurden in Österreich weitere 30 Exemplare (629.26-55) gebaut, die BBÖ bezogen dann 1927 nochmals 25 Loks (629.56-80). Diese letzte Lieferung war anstelle von Kolbenschiebern mit einer Ventilsteuerung der Bauart Lentz ausgestattet. Dazu kamen noch fünf Versuchsloks mit Caprotti-Steuerung (629.500-504). 1925 wurden die Loks der Südbahn von den BBÖ als 629.101-115 übernommen. Bei der DRG erhielten die Loks die Bezeichnung 77.2. 1945 befanden sich 87 Exemplare in Österreich, 1953 kamen noch 76 Maschinen in den Bestand der ÖBB, die Kolbenschieberloks hießen fortan 77.01-40 und 77.66-80 (mit kleinen Lücken), die ventilgesteuerten Maschinen hießen 77.242-264 und 77.281-285. 1974 endete der Planeinsatz auf der Strecke Linz – Summerau. Mit den Loks 77.28, 77.66, 77.244 und 77.250 blieben gleich vier Exemplare betriebsfähig erhalten.

Bauart:	**2'C1'-h2t**
Anzahl:	**115**
Vmax:	**90 km/h**
Dienstgewicht:	**80,2 t**
Inbetriebsetzung:	**1913-1927**
Ausmusterung:	**bis 1975**
Anstrich:	**schwarz**

78

Nach dem Ersten Weltkrieg setzten die BBÖ vermehrt auf Tenderlokomotiven, da diese beim Wenden in den nunmehr im Ausland gelegenen Grenzbahnhöfen keine Drehscheiben benötigten und somit billiger kamen. Da die Reihe 629 (77) doch an ihre Leistungsgrenzen stieß, beschafften die BBÖ eine stärkere Tenderlok für den Schnellzugdienst in Gestalt der Reihe 729. Der Kessel entsprach weitgehend dem der Reihe 109 (38), Teile des Antriebs übernahm man von der 629. Die 729 erhielten außerdem Lentz-Ventilsteuerung und Heinl-Mischvorwärmer. 1931/32 wurden zehn Einheiten als 729.01-10 geliefert, 1936 kamen 729.11-16 hinzu, die mit Friedmann-Achslagern ausgestattet war. Weitere zehn Stück wurden 1938/39 bereits an die DRG als 78 657-666 abgeliefert, dann aber in 78 617-626 umgezeichnet; die BBÖ-Loks hießen nunmehr 78 601-616. Alle 26 Stück befanden sich 1945 in Österreich und behielten bei den ÖBB im U-Plan 1953 ihre deutschen Nummern. Ab 1951 wurden die Loks mit Giesl-Flachschornstein ausgestattet, außerdem wurden Windleitbleche angebracht. 1973 wurde das Feuer in den letzten drei Lokomotiven gelöscht, die noch in Wien Nord im Dienst standen. Die 78.618 wird von der ÖGEG betriebsfähig erhalten und befindet sich in Ampflwang, die 78.606 steht im Eisenbahnmuseum Strasshof.

Bauart:	**2'C2'-h2t**
Anzahl:	**26**
Vmax:	**105 km/h**
Dienstgewicht:	**108 t**
Stundenleistung:	**1325 kW**
Inbetriebsetzung:	**1931-1928**
Ausmusterung:	**bis 1972**
Anstrich:	**schwarz**

89 (97)

Für den Verkehr auf den von ihr betriebenen Lokalbahnen beschafften die kkStB ab 1878 dreiachsige Tenderlokomotiven. Wegen der guten Bewährung dieser Type wurde sie von allen österreichischen Lokomotivfabriken bis 1911 weitergebaut. Die kkStB gaben den insgesamt 228 Maschinen die Reihenbezeichnung 97. Neben den kkStB beschafften auch private Lokalbahnen einige dieser Lokomotiven. Wegen der langen Lieferzeitspanne gab es auch Bauartunterschiede zwischen den einzelnen Lieferserien. Im Besonderen gilt dies für das Führerhaus, die Ventilbauarten und die Bauform des Sandkastens. Gleich waren allen Lokomotiven jedoch die niedrige Kessellage und die bis zur Kesselvorderfront vorgezogenen Wasserkästen. Nach dem Ersten Weltkrieg verblieben zahlreiche Exemplare in den Nachfolgestaaten. 133 Stück kamen zu den Tschechoslowakischen Staatsbahn ČSD, die sie als 310.0 einreihten. Die polnischen PKP erhielten 14 Loks und ordneten einige noch als Reihe TKh12 ein, die und die italienischen FS 18 Exemplare als Reihe 822. Auch die Rumänischen Staatsbahnen CFR erhielten Maschinen dieser Reihe, gaben ihnen aber keine eigene Reihenbezeichnung. 31 Lokomotiven gelangten zu den BBÖ. Die DRG ordnete die 1938 noch vorhandenen Lokomotiven als Baureihe 98.70 ein. 1945 befanden sich in Österreich noch 19 Maschinen, die letzten elf Überlebenden erhielten bei den ÖBB die Reihenbezeichnung 89. Während in Österreich nur eine Lokomotive erhalten blieb, die zuletzt in der Zuckerfabrik Enns eingesetzt worden war, befinden sich mehrere Lokomotiven in den Nachbarländern; in Tschechien finden sich auch noch betriebsfähige Exemplare.

Bauart:	C-n2t
Anzahl:	227
Vmax:	40 km/h
Dienstgewicht:	29 t
Stundenleistung:	135 kW
Inbetriebsetzung:	1878
Ausmusterung:	bis 1958
Anstrich:	schwarz

90 (30)

Ende des vorigen Jahrhunderts entstand in Wien ein Netz von Stadtbahnlinien. Die oftmals steigungsreiche Linienführung erforderte den Bau leistungsstarker Tenderlokomotiven, die der bedeutende Ingenieur Karl Gölsdorf entwarf. Von 1895 bis 1901 wurden insgesamt 113 Exemplare der Reihe 30 an die kkStB geliefert. Wegen der vielen Tunnels und zur Vermeidung von Rauchbelästigungen der Anrainer versuchte man zunächst eine Petroleumfeuerung, die jedoch kein Erfolg war. Besser ging es dann mit der Koksfeuerung. Weiters erhielt die Saugluftbremse einen eigenen Schalldämpfer. Nach Berliner Vorbild verkehrten die Lokomotiven der Stadtbahn von Beginn an mit Zugzielschildern an der Rauchkammertür beziehungsweise am Tender. Nach dem Ersten Weltkrieg verblieben alle Lokomotiven in Österreich. In den dreißiger Jahren wurde der Großteil der Loks nach der Stadtbahnelektrifizierung entbehrlich, viele wurden kassiert und 13 Stück an die GKB verkauft. Die DRG übernahm noch 33 Loks als Baureihe 90.10. Davon waren 1945 noch 31 Maschinen in Österreich vorhanden, doch wurde die Mehrzahl bis 1953 kassiert. 1953 gab es bei den ÖBB gerade noch acht Exemplare, die bis 1957 ausschieden.

Bei der GKB endete der Einsatz der Reihe 30 im Jahr 1969. Die 30.33 war bereits 1961 als Werklok verkauft worden und wurde 1987 im Museum Strasshof wieder reaktiviert.

Bauart:	**1'C1'-n2vt**
Anzahl:	**113**
Vmax:	**60 km/h**
Dienstgewicht:	**70 t**
Inbetriebsetzung:	**1895-1901**
Ausmusterung:	**bis 1969 (GKB)**
Verkauf:	**13 Stück an GKB**
Anstrich:	**schwarz**

91

Für den Einsatz vor allem auf Nebenstrecken wurde von den kkStB Ende des vorigen Jahrhunderts eine Tenderlok entwickelt, die außerdem in der Lage sein sollte, auf Hauptbahnen ein entsprechendes Geschwindigkeitsniveau einzuhalten. Krauss fertigte daher ab 1897 die Reihe 99. Die kkStB erhielten davon 69 Exemplare, weitere fünf Lokomotiven wurden als Reihe 2 an die NÖLB geliefert. Die Bauart wurde in der Folge mit vergrößerten Vorräten als kkStB Reihe 199 (19 Stück) und NÖLB Reihe 102 (zehn Stück) weitergebaut. Nach dem Ersten Weltkrieg fielen 34 Maschinen der Reihe 99 als Reihe 320.0 an die CSD, fünf kamen als Reihe 876 zur FS und elf Stück als Reihe 153 zur JDZ. 19 Stück der Reihe 99 sowie alle fünf Exemplare der NÖLB Reihe 2 blieben nach 1918 in Österreich. Von den 199ern gelangten fünf als Reihe 877 an die FS, die übrigen gingen an die BBÖ. Alle österreichischen Loks kamen 1938 als Reihe 98.13 in den Bestand der DRG. Nach 1945 befanden sich 40 Exemplare in Österreich. Die ÖBB bezeichneten 1953 noch 15 ehemalige 99er als Reihe 91 und neun ehemalige 199er als Reihe 91.100, deren Ausmusterung erfolgte bis 1972. Die 91.107 blieb erhalten und wurde durch Privatinitiative wieder betriebsfähig aufgearbeitet; heute befindet sie sich im Museum Groß Schwechat.

Bauart:	**1'C-n2vt**
Anzahl:	**74**
Vmax:	**60 km/h**
Dienstgewicht:	**42 t**
Inbetriebsetzung:	**1897-1907**
Ausmusterung:	**bis 1973**
Anstrich:	**schwarz**

92

Seit dem Jahr 1898 wurden diese viergekuppelten Verbund-Tenderloks für den Betrieb auf der privaten Schneebergbahn in Betrieb genommen. Wegen der guten Bewährung beschafften in der Folge auch die kkStB diese Type und bezeichneten sie als Reihe 178. Der kurze Radstand und das Helmholtz-Laufwerk mit seitenverschiebbaren Radsätzen ermöglichten eine gute Kurvengängigkeit. Die Lokomotivfabriken Krauss, Linz, Wiener Neustadt Floridsdorf und die Böhmisch-Mährische Maschinenfabrik lieferten bis 1918 insgesamt 211 Stück. Nach dem Ersten Weltkrieg wurde der Bestand aufgeteilt: 105 Stück erhielt die ČSD als Reihe 422.0, Jugoslawien reihte sieben als JDŽ 52 ein, 26 gingen an Polen als PKP TKp11 und zwölf nach Italien als FS 893. Die BBÖ übernahmen 66 kkStB-Maschinen, hinzu kamen einige Privatbahnloks sowie Neubauten. Die DRG bezeichnete die insgesamt 84 Lokomotiven im Jahr 1938 als Reihe 92.22-23. Nach dem Zweiten Weltkrieg verblieben in Österreich 66 Maschinen; 1953 waren es dann noch 49. Ihr aktiver Betriebsdienst dauerte bis etwa 1970. Die als kkStB 178.217 bestellt gewesene Lokomotive wurde 1919 an die WLB als deren Nr. 72 geliefert. Sie wurde später als Werklokomotive nach Judenburg verkauft. Sie blieb erhalten und wird unter der Phantasienummer 92.2271 in Zwettl für Nostalgiezüge vorgehalten.

Bauart:	**D-n2vt**
Anzahl:	**249**
Vmax:	**50 km/h**
Dienstgewicht:	**49 t**
Stundenleistung:	**420 kW**
Inbetriebsetzung:	**1905-1924**
Ausmusterung:	**bis 1970**
Anstrich:	**schwarz**

392

Bei den kkStB war es üblich, Schlepptenderlokomotiven, die für den Streckendienst zu schwach geworden waren, im Verschub einzusetzen. In den zwanziger Jahren waren die bisher verwendeten Lokomotiven jedoch bereits stark überaltert, somit sahen sich die BBÖ einem massiven Mangel an Verschublokomotiven gegenüber. Daher wurde von den BBÖ eine auf der Reihe 378 (93) basierende Verschublok entwickelt. Gegenüber der 378 unterschieden sie sich durch größere Zylinder und den Wegfall der Laufradsätze. Ab 1927 wurden die neuen Verschubloks als Reihe 478 in 50 Exemplaren in Dienst gestellt, gebaut wurden sie in Floridsdorf, Wiener Neustadt und bei der Maschinenfabrik der StEG. Alle Lokomotiven kamen zunächst als Reihe 92.23 zur DRG, wurden aber schon bald in 92.25 umgezeichnet. Alle 50 Stück verblieben 1945 in Österreich. Die ÖBB bezeichneten sie ab 1953 als Reihe 392. Zwischen 1967 und 1972 schieden sie aus dem Betrieb aus, die 392.2530 überlebte noch etwas länger auf einer Werkbahn in Ampflwang. Diese Lok wurde 1983 an die ÖGEG verkauft, die sie für den Museumsbetrieb reaktivierte.

Bauart:	**D-h2t**
Anzahl:	**50**
Vmax:	**40 km/h**
Dienstgewicht:	**64 t**
Stundenleistung:	**420 kW**
Inbetriebsetzung:	**1927**
Ausmusterung:	**bis 1970**
Verkauf:	**392.2530 an WTK**
Anstrich:	**schwarz**

93

Die Reihe 178 (ÖBB 92) erwies sich nach dem Ersten Weltkrieg zunehmend als zu schwach, Daher entwickelten die Ingenieure der Lokomotivfabrik Floridsdorf für den Verkehr auf Nebenbahnen der BBÖ eine moderne Tenderlokomotive. Die niedrige Radsatzlastgrenze von 11 t ließ sich nur durch die Achsfolge 1'D1' verwirklichen, die Lieferung erfolgte ab 1927 als Reihe 378. Gebaut wurde sie nicht nur in Floridsdorf, sondern auch in Wiener Neustadt, bei Krauss in Linz und von der Maschinenfabrik der StEG. Alle Loks erhielten Lentz-Ventilsteuerung, die bei 378.001-150 mit einer Übertragung mittels Zwischenhebeln ausgestattet war. Die 378.151-167 erhielten eine Wälzhebelübertragung. 1938 kamen die Loks als 93.12-14 in den Bestand der DRG. 1941 bestellte die Slowakische Staatsbahn (SŽ) 25 Exemplare in leicht veränderter Form bei der Wiener Lokomotivfabrik, die die Bezeichnung 431.0 erhielten. 1945 verblieben 156 Stück in Österreich, doch mussten einige Maschinen 1947 an Jugoslawien abgegeben werden, wo sie als Reihe 53 bezeichnet wurden und andere gingen an die CSD. 127 Stück befanden sich dann 1953 noch bei den ÖBB. 72 Stück wurden ab 1955 mit einem Giesl-Flachschornstein ausgerüstet. 1976 endete der offizielle Einsatz, doch blieben einige Loks noch bis 1982 im Bestand der ÖBB. Mehrere Exemplare dieser erfolgreichen Bauart blieben in Österreich und auch in Deutschland in betriebsfähigem Zustand der Nachwelt erhalten.

Bauart:	**1'D1'-h2t**
Anzahl:	**167**
Vmax:	**60 km/h**
Dienstgewicht:	**66 t**
Stundenleistung:	**420 kW**
Inbetriebsetzung:	**1927-1931**
Ausmusterung:	**bis 1978**
Anstrich:	**schwarz**

97

Im Jahr 1891 eröffnete die Localbahn Eisenerz – Vordernberg AG die normalspurige Erzbergbahn, die wegen der Steigungen bis 71 Promille mit einer Zahnstange nach System Abt ausgestattet war. Dafür wurde eine Zahnradlokomotive benötigt, die für gemischten Zahnrad- und Reibungsbetrieb geeignet sein sollte. 1890 lieferte Floridsdorf die Reihe 69 an die kkStB, die den Betrieb auf der Erzbergbahn führten und diese 1893 vollständig übernahmen. Die Reihe 69 wurde in insgesamt 18 Exemplaren gebaut. Die Loks verfügten über eine Gegendruckbremse der Bauart Riggenbach, die drei zuletzt gelieferten Loks besaßen bereits eine Druckluftbremse. Alle Lokomotiven kamen als Baureihe 97.2 zur DRG, nach dem Krieg befanden sich noch 16 Maschinen bei den ÖBB, die stets in Vordernberg beheimatet waren. Eine war bei der DRw verblieben und wurde 1946 kassiert, die andere befand sich bei der DRo und diente bis 1951 noch bei den Schieferbrüchen Lehesten. 97.203, 208, 212, 215 und 217 erhielten bei den ÖBB einen Giesl-Ejektor. 1978 endete der Dampfbetrieb auf der Erzbergbahn endgültig, in der Folge wurden die letzten Exemplare der Reihe 97 kassiert. 97.208 wurde in betriebsfähigem Zustand an das Eisenbahnmuseum in Strasshof abgegeben, weitere Exemplare sind als Denkmäler erhalten geblieben.

Bauart:	**1'C-n2zzt**
Anzahl:	**18**
Vmax:	**30 km/h**
Dienstgewicht:	**62 t**
Stundenleistung:	**310 kW**
Inbetriebsetzung:	**1890-1908**
Ausmusterung:	**bis 1979**
Anstrich:	**schwarz**

197

Da auf der Erzbergbahn ein steigendes Transportaufkommen zu verzeichnen war, mit dem die Reihe 69 (97) nicht mehr allein fertig wurde, entschlossen sich die kkStB zur Bestellung einer stärkeren Zahnradlokomotive. Karl Gölsdorf entwarf daher eine sechsachsige Tenderlokomotive mit der Achsformel Fn4zzt. Diese beschreibt sechs gekuppelte Treibachsen in einem starren Rahmen und ein Zahnrad-Triebwerk mit zwei Zahnrädern. Diese selten angewandte Bauform als Sechskuppler konnte auf dieser Strecke 150 Tonnen mit 15 km/h befördern. Drei derartige Sechskuppler wurden 1912 als Reihe 269 geliefert. Sie besaßen eine um 50% höhere Leistung als ihre Vorgänger, waren aber schwer zu bedienen. Auf der Bergfahrt betrug der Kohleverbrauch etwa 1,5 Tonnen. Bei der DRG erhielten sie die Baureihenbezeichnung 97.3, die ÖBB reihten sie 1953 als Reihe 197 ein. 1956 erhielten alle drei Loks einen Giesl-Ejektor. 197.301 war bis 1978 auf der Erzbergbahn im Einsatz und wurde anschließend in das Eisenbahnmuseum Strasshof überstellt, wo sie heute noch vorhanden ist; die beiden anderen wurden verschrottet.

Bauart:	F-n2zzt
Anzahl:	3
Vmax:	30 km/h
Dienstgewicht:	88 t
Stundenleistung:	824 kW
Inbetriebsetzung:	1912
Ausmusterung:	bis 1979
Anstrich:	schwarz

298

Die Murtalbahn nahm 1897 vier Schmalspurtenderlokomotiven in Betrieb, die zum Vorbild für die zahlenmäßig stärkste Dampflokbauart Österreichs auf 760 mm Spur werden sollte. Basis für die Konstruktion waren die Steyrtalbahnlokomotiven (ÖBB 298.1). Währen das Fahrwerk nahezu unverändert blieb, wurden Kessel, Feuerbüchse und Wasserkästen vergrößert. In der Ebene beförderten die Lokomotiven 515 Tonnen. Diese Nassdampflokomotiven wurden auf Grund ihrer guten Bewährung auch von den kkStB in Dienst gestellt und erhielten dort die Reihenbezeichnung U, die sich von der Anfangsstation Unzmarkt der Murtalbahn ableitet. Die Murtalbahn wurde später in den Betrieb der kkStB übernommen; insgesamt gab es bei den kkStB 43 Loks der Reihe U. Neben Krauss in Linz traten auch die Maschinenfabrik der StEG und die Böhmisch-Mährische Maschinenfabrik als Hersteller in Erscheinung. Weitere Exemplare der Type U gingen an die StLB (U.44), die Zillertalbahn (Nr.1-2) und die NÖLB (U.1-6). Nach 1918 verblieben einige Exemplare der Reihe U bei der CSD (Reihe U37), in Jugoslawien (JDZ Reihe 188), in Italien und in Polen. Bei der Verstaatlichung der NÖLB kamen deren Loks als U.51-56 zu den BBÖ, die wiederum acht Lokomotiven an die StLB abgab. Bei der DRG wurde für die bei den BBÖ verbliebenen elf Loks die Bezeichnung 99 7811-7822 eingeführt. Ab 1953 hießen die verbliebenen Exemplare bei den ÖBB Reihe 298, wobei die alte BBÖ-Ordnungsnummer wieder zum Zug kam. 1981 endete bei den ÖBB der Planeinsatz der 298 mit dem Ende der Steyrtalbahn, doch sind zahlreiche U auf verschiedenen Privat- und Museumsbahnen nach wie vor im Einsatz.

Bauart:	**C1'-n2t**
Spurweite:	**760 mm**
Anzahl:	**52**
Vmax:	**35 km/h**
Dienstgewicht:	**24,3 t**
Stundenleistung:	**165 kW**
Inbetriebsetzung:	**1897-1922**
Ausmusterung:	**bis 1982**
Anstrich:	**schwarz**

298.1

Die Urmutter aller schmalspurigen C1'-Tenderloks in Österreich wurde bereits 1888 für die Steyrtalbahn konstruiert. Die Lokomotivfabrik Krauss lieferte zunächst drei Maschinen der Neukonstruktion. Diesen folgten bis 1914 noch drei weitere Exemplare. Das Fahrgestell verfügte über drei gekuppelte Treibachsen und einer Nachlaufachse, die mechanisch mit der seitlich verschiebbaren dritten Treibachse gekuppelt war (Krauss-Helmholtz-Gestell). Im Gegensatz zur Nr.6 besaßen die Loks 1-5 eine verlängerte Rauchkammer zur Eindämmung des Funkenflugs. Alle Maschinen waren ursprünglich mit einer Heberleinbremse ausgestattet, die später einer Vakuumbremse wich. Auch die Lokalbahn Mori-Arco-Riva bestellte drei Lokomotiven dieser Bauart, ebenso beschaffte die Salzkammergut-Lokalbahn eine sehr ähnliche Type. Die Steryrtalbahn Nr. 1 wurde bereits 1937 nach einem Unfall kassiert, die Loks 2-6 kamen 1938 als 99 7831-7835 zur DRG und liefen dann ab 1953 bei den ÖBB als 298.102-106. Bei den ÖBB veränderte sich das äußere Erscheinungsbild durch eine Verlängerung der Wasserkästen. Die letzte Maschine wurde 1973 ausgemustert. Die 298.104 fährt heute auf der Museumsbahn Lunz – Kienberg-Gaming, während die 298.102 und die 298.106 auf der Steyrtalbahn betriebsfähig erhalten sind.

Bauart:	**C1'-n2t**
Spurweite:	**760 mm**
Anzahl:	**6**
Vmax:	**40 km/h**
Dienstgewicht:	**22 t**
Inbetriebsetzung:	**1888-1914**
Ausmusterung:	**bis 1973**
Anstrich:	**schwarz**

298.2

Die Reihe U war als Nassdampflokomotive mit einfacher Dampfdehnung gebaut worden. Aber bereits 1902 erschien eine Verbundausführung, die als Reihe Uv an die NÖLB geliefert wurde (Uv.1-3). Auch die Zillertalbahn erhielt eine gleichartige Lok (Nr.3). Ab 1904 stellten auch die kkStB vier Verbundmaschinen für die Lokalbahn Przeworsk–Dynów in Dienst (Uv.1-4). Diese verblieben nach dem Ersten Weltkrieg in Russland, Polen und Rumänien. Nach Polen wurden 1925 auch noch zwei Neubaumaschinen dieser Bauart geliefert. Hingegen kamen die drei Loks der NÖLB 1922 zu den BBÖ (als Uv.5-7). 1938 übernahm sie die DRG als 99 801-803. Die 99 801 befand sich 1945 in der Tschechoslowakei und wurde zunächst als U37.101 bezeichnet. 1950 wurde das Einzelstück an die ÖBB zurückgegeben. Ab 1953 trugen die drei Loks bei den ÖBB dann die Betriebsnummern 298.205-207. Die 298.205 ist auf der Ybbstalbahn Bergstrecke als Museumslokomotive im Einsatz, auch die Lok 3 der Zillertalbahn ist noch aktiv. Die 298.207 wird derzeit in Obergrafendorf wieder betriebsfähig aufgearbeitet.

Bauart:	C1'-n2vt
Spurweite:	760 mm
Anzahl:	10
Vmax:	35 km/h
Dienstgewicht:	27 t
Inbetriebsetzung:	1902-1910
Ausmusterung:	bis 1998
Anstrich:	schwarz

398

Wie schon bei der Verbundausführung der Reihe U war auch bei der Heißdampfvariante die NÖLB fortschrittlicher als die kkStB. Anlässlich der Bestellung der Reihe Uv (ÖBB 298.2) wurde bei Krauss in Linz auch eine U in Heißdampfausführung als Uh.1 in Auftrag gegeben. Es war dies die erste schmalspurige Heißdampflok in Österreich. Sie kam zunächst auf der Mariazellerbahn zum Einsatz. Nach der Verstaatlichung im Jahr 1922 wurde sie von den BBÖ nach Bregenz versetzt und erhielt 1928 die Bezeichnung Bh.1, wobei der erste Buchstabe für die neue Heimat Bregenz stand. Der Grund dafür war, dass die BBÖ eine Weiterentwicklung der U mit Heißdampf in Auftrag gegeben hatten, die fortan als Uh (ÖBB 498) bezeichnet werden sollte. Die DRG bezeichnete die Bh.1 in der Folge als 98 811, bei den ÖBB hieß sie dann ab 1953 398.01. Sie war zuletzt auf der Ybbstalbahn eingesetzt und wurde schließlich 1973 an den Club 760 verkauft, der sie später an die StLB weitergab. Der neue Besitzer reaktivierte die Lok als Bh.1 und setzt sie seither im Murtal im Bummelzugverkehr ein. Es handelte sich um die älteste betriebsfähig erhaltene Heißdampflok der Welt.

Bauart:	**C1'-h2t**
Spurweite:	**760 mm**
Anzahl:	**1**
Vmax:	**35 km/h**
Dienstgewicht:	**27,6 t**
Inbetriebsetzung:	**1905**
Ausmusterung:	**1973**
Verkauf:	**an StLB**
Anstrich:	**schwarz**

498

Da im Ersten Weltkrieg zahlreiche U im Ausland verblieben waren, beschafften die BBÖ ab 1928 bei Krauss in Linz eine Weiterentwicklung der Reihe U als Heißdampf-Schmalspurlok. Sie basierte auf dem Fahrwerk der U, übernahm also die bewährte Achsfolge C1'. Der Außenrahmen unter dem Führerhaus entfiel jedoch, dafür wurde der Kessel höher gelegt, um Platz für die Feuerbüchse zu schaffen. Das gab der Lok ein charakteristisches, von der Reihe U abweichendes Aussehen. Die Uh.1-6 waren mit Caprotti-Steuerung ausgestattet, 1931 folgten zwei Loks von der Lokomotivfabrik Floridsdorf als Uh. 101-102 mit Lentz-Ventilsteuerung. Eine weitere derartige Maschine orderte die Zillertalbahn (Nr. 5). Alle acht BBÖ-Loks kamen als 99 821-828 zur DRG, die ÖBB reihten sie dann ab 1953 als 498.01-08 ein. 1960 wurden drei Lokomotiven an die Österreichisch-Alpine Montangesellschaft verkauft. Diese spurten sie auf 830 mm um und setzten sie bis 1967 auf der Erzbahn in Radmer in der Steiermark ein. Die letzten Exemplare bei den ÖBB waren bis Ende der sechziger Jahre auf der Steyrtalbahn in Betrieb und wurden 1972 ausgemustert. Mittlerweile hat die Bregenzerwaldbahn die 498.08 erworben und wieder betriebsfähig aufgearbeitet. Die ÖGEG hat die 498.04 angekauft und die Maschine für die Steyrtalbahn wieder betriebsfähig gemacht. Die 498.07 wurde von der Pinzgauer Lokalbahn übernommen und ist derzeit hinterstellt. Die Zillertalbahnlok ist heute noch in Betrieb.

Bauart:	**C1'-h2t**
Spurweite:	**760 mm**
Anzahl:	**9**
Vmax:	**40 km/h**
Dienstgewicht:	**28,1 t**
Inbetriebsetzung:	**1928-1931**
Ausmusterung:	**bis 1973**
Verkauf:	**498.07 an SLB**
Anstrich:	**schwarz**

598

Abweichend von den C1'-Lokomotiven der U-Familie beschafften die kkStB 1896 bei Krauss in Linz eine von Karl Gölsdorf konstruierte C2'-Tenderlokomotive für die Ybbstalbahn. Das Drehgestell ruhte in einem starren Drehzapfen. Diese Bauart bewährte sich jedoch nicht und führte zu Entgleisungen. Wegen der Probleme wurde das Drehgestell umgebaut und seitenverschiebbar gelagert. Den Yv.1-3 folgten daher keine Nachlieferungen, die Reihe U hatte sich als überlegen erwiesen. Die drei Loks blieben auf der Ybbstalbahn und kamen als 99 901-903 zur DRG. Die ÖBB bezeichnete sie schließlich als Reihe 598 und setzte sie zuletzt in Gmünd ein, wo sie 1973 aus dem Betriebsdienst schieden. Die 598.01 steht heute als Denkmal in Eichgraben, die 598.02 wurde vom Club 598 betriebsfähig aufgearbeitet und befindet sich heute in Waidhofen an der Ybbs. Dort steht auch die 598.03.

Bauart:	**C2'-n2vt**
Spurweite:	**760 mm**
Anzahl:	**3**
Vmax:	**40 km/h**
Dienstgewicht:	**26,5 t**
Inbetriebsetzung:	**1896**
Ausmusterung:	**1973**
Anstrich:	**grün**

Foto: Herbert Ortner

898

1940 beschäftigte sich das Waffenamt mit der Frage der Beschaffung einer Heeresfeldbahn-Tenderlokomotive mit 150 bis 200 PS Leistung. In der Folge lieferte Henschel 1941 eine Cn2t Musterlokomotive für die Heeresfeldbahnen der deutschen Wehrmacht mit der Fabriknummer 25702. Sie erhielt die Nummer HF 20751. Sie war an den zweiachsigen Einheitstyp »Krutwig« angelehnt, die dritte Achse war dem leichten Feldbahnoberbau geschuldet. Die Maschine leistete 200 PS. Zu einer Weiterbestellung kam es jedoch nicht. Die Lok kam zunächst am Kriegsschauplatz auf dem Balkan zum Einsatz und wurde 1944 von Belgrad nach St. Pölten überstellt. Ab 1945 war sie in St. Pölten als Verschublokomotive für die Mariazellerbahn im Einsatz. 1953 gaben die ÖBB dem Einzelstück die Bezeichnung 898.01. 1965 wurde sie abgestellt und 1971 als Lokdenkmal in Felixdorf aufgestellt. Später erwarb sie dann die Kärntner Museumsbahn für den Betrieb auf dem Reststück der Gurktalbahn. Für diesen Zweck wurde sie betriebsfähig aufgearbeitet.

Bauart:	**C-n2t**
Spurweite:	**760 mm**
Anzahl:	**1**
Vmax:	**25 km/h**
Dienstgewicht:	**27,3 t**
Inbetriebsetzung:	**1941**
Ausmusterung:	**1971**
Anstrich:	**schwarz**

399

Schon bald erwiesen sich die Reihe U und deren Unterbauarten für den Verkehr auf der Mariazellerbahn als zu schwach. Daher wurden von den NÖLB für die Bergstrecke Laubenbachmühle – Mariazell bei Krauss in Linz zunächst sechs Schlepptenderlokomotiven bestellt und 1906 geliefert. Zwei davon hatten ein Verbundtriebwerk (NÖLB Reihe Mv), vier wurden in Heißdampfausführung als Reihe Mh geliefert. Letztere bewährte sich besser, so dass 1908 nochmals zwei Mh hinzukamen. Die Maschinen wurden als Stütztenderlokomotiven ausgeführt. Dadurch war es möglich, die Vorräte ohne Überschreitung der Radsatzlastgrenzen unterzubringen. Die Loks bewährten sich, konnten aber mit den weiterhin steigenden Fahrgastzahlen auf der Mariazellerbahn bald nicht mehr fertig werden, so dass die Bahn schließlich elektrifiziert wurde. Einige Lokomotiven der Reihe Mh kamen sodann nach Gmünd, der Rest blieb in St. Pölten für die nicht elektrifizierte Strecke Obergrafendorf – Gesten. Alle Maschinen übernahmen 1922 die BBÖ. Die DRG bezeichnete sie 1938 als 99 1111-1116 und verwendete sie vor allem im Güterverkehr. Bei den ÖBB hießen sie ab 1953 dann 399.01-06. Einige wurden auch auf der Strecke Kühnsdorf – Eisenkappel eingesetzt, bis 1971 wurden alle sechs Exemplare nach Gmünd umstationiert. Die Ausmusterung erfolgte erst 1998. Die 399.01 und 04 sind heute bei der NÖVOG in Gmünd in Betrieb, die 399.02 und 03 (Mh.2 und Mh.3) befinden sich auf der Pinzgauer Lokalbahn und die 399.06 (Mh.6) wird auf der Mariazellerbahn betriebsfähig erhalten.

Bauart:	**D2'-h2st**
Spurweite:	**760 mm**
Anzahl:	**6**
Vmax:	**40 km/h**
Dienstgewicht:	**45 t**
Inbetriebsetzung:	**1906-1908**
Ausmusterung:	**1998**
Verkauf:	**399.01,02,04 an NÖVOG, 399.03 an SLB**
Anstrich:	**schwarz**

499

Nach dem Ersten Weltkrieg verblieb auf der Vellachtalbahn (Kühnsdorf – Eisenkappel) nur eine kleine Tenderlokomotive, die für den geplante Rollbockverkehr zu schwach war. Daher wurde von den BBÖ eine stärkere Tenderlokomotive bei Krauss in Linz bestellt, die 1924 als Kh.1 geliefert wurde. Die fünffach gekuppelte Heißdampf-Lokomotive besaß eine besondere Konstruktion des Fahrwerkes. Die ersten vier ihrer Achsen sind in einem Innenrahmen, die fünfte in einem Außenrahmen als Klien-Lindner-Hohlachse gelagert. Die erste Kuppelachse ist außerdem seitlich verschiebbar ausgeführt. 1926 wurde eine gleichartige Maschine für die Murtalbahn als Kh.101 geliefert, 1930 eine für die Feistritztalbahn von Birkfeld nach Ratten als Kh.111. Beide Maschinen gingen nach Auflösung der privaten Bahngesellschaften an die Steiermärkischen Landesbahnen über. Die drei Maschinen unterscheiden sich durch ihre Steuerung: die Kh.1 hatte Lentz-Ventilsteuerung, die Kh.101 eine gewöhnliche Heusingersteuerung mit Kolbenschiebern und die Kh.111 besaß Caprotti-Ventilsteuerung. Die BBÖ-Lok wurde 1938 von der DRG als 99 1201 übernommen. Ab 1953 wurde sie von den ÖBB als 499.01 bezeichnet. Sie wurde 1973 kassiert und befindet sich heute auf der Gurktalbahn in Kärnten. Die Kh.101 war zuletzt auf der Feistritztalbahn betriebsfähig und die Kh.111 steht im Museum des Club 760 in Frojach an der Murtalbahn.

Bauart:	E-h2t
Spurweite:	760 mm
Anzahl:	1
Vmax:	25 km/h
Dienstgewicht:	26,5 t
Inbetriebsetzung:	1924
Ausmusterung:	1973
Anstrich:	schwarz

699

Das Heereswaffenamt des Deutschen Reiches hatte im Zweiten Weltkrieg eine Reihe von Schmalspurprototypen der Achsfolge D für die Spurweite von 750 mm entwickeln lassen. Eine derartige Heißdampflok mit Halbtender wurde schließlich als Kriegsdampflokomotive (KDL) 11 in das Beschaffungsprogramm aufgenommen. Die für die 750-mm-Spur vorgesehenen Loks hatten eine Leistung von 160 PS. Sie wurden ab 1944 von Franco-Belge gebaut. Allerdings wurden bis Kriegsende nur wenige Exemplare geliefert, acht Stück gelangten nach Österreich zu den Lagerstellen in Mittersill und Bregenz. Neben den Loks in Österreich befand sich nach 1945 noch je eine in Deutschland, Polen und Finnland. Der Rest wurde erst nach Kriegsende fertig gestellt und fand Abnehmer in Frankreich; insgesamt wurden 24 Stück produziert. 1945 befanden sich somit acht dieser Maschinen in neuwertigem Zustand in Österreich. Einige davon wurden von den ÖBB nach Umspurung auf 760 mm Spurweite in Betrieb genommen. Zunächst liefen sie unter ihrer Fabriknummer und wurden 1953 als 699.01-03 eingereiht. Die Maschinen waren zuletzt in St. Pölten beheimatet und wurden bis 1973 ausgemustert. Die 699.01 ging an den Club 760, der sie zunächst vor Bummelzügen auf der Bregenzerwaldbahn einsetzte. Heute steht sie auf der Taurachtalbahn des Clubs 760 im Einsatz. Eine weitere Maschine gelangte zunächst an die Salzkammergutlokalbahn und steht heute bei der Welshpool & Llanfair Light Railway in Großbritannien in Betrieb.

Bauart:	**D-h2t+t**
Spurweite:	**760 mm**
Anzahl:	**3 (ÖBB)**
Vmax:	**25 km/h**
Dienstgewicht:	**43,5 t**
Inbetriebsetzung:	**1944**
Ausmusterung:	**1973**
Anstrich:	**schwarz**

699.1

1946 wurde in Bregenz eine dort vorgefundene KDL 11 (siehe Reihe 699) in eine Tenderlokomotive umgebaut. 1951 und 1952 wurden dann von der Werkstätte Knittelfeld drei weitere KDL 11 entsprechend modifiziert. Dabei wurden die Wasserkästen verlängert, an der Führerhausrückwand wurde ein Kohlekasten angebaut, außerdem erfolgte eine Umspurung auf 760 mm Spurweite. Zunächst liefen sie bei den ÖBB unter ihren Fabriknummern. Ab 1953 erhielten diese Umbaumaschinen die Bezeichnung 699.101 104. Sie waren zunächst in Kühnsdorf stationiert. 1957 erhielten sie dann einen Giesl-Flachschornstein mit Siederohrdrosselung. Später kamen die Loks auch auf anderen Strecken zum Einsatz, die letzte war die 699.103, die bis 1981 auf der Steyrtalbahn fuhr. Diese Lok erwarb die ÖGEG. Die Maschine steht noch heute auf der inzwischen zur Museumsbahn gewordenen Steyrtalbahn in Betrieb. Die 699.101 wird auf der Gurktalbahn betriebsfähig erhalten, die übrigen Maschinen wurden verschrottet.

Bauart:	**D-h2t**
Spurweite:	**760 mm**
Anzahl:	**4**
Vmax:	**35 km/h**
Dienstgewicht:	**23,3 t**
Inbetriebsetzung:	**1944**
Ausmusterung:	**1981**
Anstrich:	**grün, schwarz**

999

Als 1897 die Schneebergbahn eröffnet wurde, kamen hier fünf von Krauss in Linz gebaute Loks zum Einsatz, die sich von den Lokomotiven für die Schafbergbahn (siehe Reihe 999.1) nur durch die Neigung des Kessels und die von Beginn an vorhandene Blauölfeuerung unterschieden. Ab 1899 wurden Funkenfängersiebe montiert und die relativ offenen Führerhäuser nach vorne hin verschlossen. Die Schneeberg-Maschinen wurden erst 1937 von den BBÖ als Reihe Zz übernommen. Bei der DRG erhielten sie die Nummern 99 7301–7305. 1945 verblieben sie bei den ÖBB und wurden 1953 als 999.01-05 bezeichnet. Alle Lokomotiven wurden in den sechziger Jahren mit Giesl-Flachschornsteinen ausgestattet. Außerdem erhielten sie Druckluftflaschen zur Versorgung der Bremsen. 1996 wurde die Schneebergbahn aus den ÖBB ausgegliedert und in eine neue Gesellschaft mit dem Namen NÖSBB eingebracht, an der auch das Land Niederösterreich beteiligt ist. Ab 1998 wurden die fünf Loks im täglichen Verkehr durch neue Dieseltriebzüge ersetzt. Allerdings werden stets zwei Exemplare für die Verwendung vor Nostalgiezügen betriebsfähig gehalten. Die 999.01 steht am Bahnhof Puchberg als Denkmal.

Bauart:	2zz1'-n2t
Spurweite:	1.000 mm
Anzahl:	5
Vmax:	12 km/h
Dienstgewicht:	18 t
Inbetriebsetzung:	1897
Verkauf:	alle 1996 an NÖSBB
Anstrich:	schwarz

999.1

1893 eröffnete die SKGLB die Zahnradbahn auf den Schafberg. Dafür wurden sechs reine Zahnradbahnlokomotiven beschafft, die über keinerlei Adhäsionsantrieb verfügten. Die meterspurige Strecke besaß eine Zahnstange nach dem System Abt. Die Lokomotiven wurden zunächst mit Kohle, später auch zeitweise mit Petroleum gefeuert. 1932 musste die SKGLB wegen finanzieller Probleme den Betrieb auf der Schafbergbahn an die BBÖ übergeben, die die Loks als Z.1-6 bezeichneten. Erst 1943 reihte die Deutsche Reichsbahn die sechs Maschinen als 99 7306–7311 ein. Nach dem Krieg kamen alle zur ÖBB und wurden 1953 als 999.101–106 nummeriert. Alle Lokomotiven wurden in den sechziger Jahren mit Giesl-Flachschornsteinen ausgestattet. Weitere Zutaten betrafen die Beigabe einer Druckluftflasche für die Bremsen. 2006 wurde die Schafbergbahn an die Salzburg AG verkauft und firmiert nun unter dem Namen Salzkammergutbahn (SKGB). Die Loks 999.101-104 und 106 kamen als Z.1-4 und Z.6 in deren Besitz. Die 999.105 war bereits vorher an das Technische Museum abgegeben worden, befindet sich aber heute im Depot Haringsee des TMW. Die SKGB erhält drei Loks in betriebsfähigem Zustand, darunter die Z.1. Diese hat wieder ihren ursprünglichen Rundschlot erhalten. Die übrigen zwei Maschinen werden museal erhalten.

Bauart:	**2zz1'-n2t**
Spurweite:	**1.000 mm**
Anzahl:	**6**
Vmax:	**12 km/h**
Dienstgewicht:	**18 t**
Inbetriebsetzung:	**1893**
Verkauf:	**999.101-104, 106 2006 an SKGB**
Anstrich:	**schwarz**

999.2

Untersuchungen hatten gezeigt, dass ein erheblicher Teil der Reisenden auf den Zahnradbergbahnen nicht zuletzt wegen der dort eingesetzten Dampfloks auf Besuch kommt Daher entschlossen sich die ÖBB 1992 zur Beschaffung einer modernen Zahnraddampflok. SLM Winterthur hatte hierzu ein Angebot unterbreitet und gleichartige Loks als Type H 2/3 auch in der Schweiz offeriert. Je eine Maschine ging an die Brienz-Rothorn-Bahn und an die Chemin de fer Montreux–Terrtet–Glion–Rochers-de-Naye, auch die ÖBB erhielten einen grün lackierten Prototyp, der mit einer Leichtölfeuerung ausgestattet war. Die Lokomotive verfügte ferner über eine elektrische Warmhaltevorrichtung und wurde sehr gut gegen Wärmeverluste isoliert. Dadurch und durch die Einmannbedienung konnten die Betriebskosten gegenüber den Vorgängern erheblich gesenkt werden. Später erhielt die Lok, die als 999.201 auf der Schafbergbahn fuhr, einen Kobelrauchfang. 1996 wurden drei weitere Lokomotiven als 999.202-204 an die ÖBB geliefert. Nach der Privatisierung der Schafbergbahn im Jahr 2006 kamen die Loks als Z.11-14 in den Besitz der SKGB. Die Hauptlast des Verkehrs tragen heute Diesellokomotiven, die Dampfloks sind auf der Schafbergbahn aber noch immer unverzichtbar.

Bauart:	2zz1'-n2t
Spurweite:	1.000 mm
Anzahl:	4
Vmax:	20 km/h
Dienstgewicht:	15 t
Inbetriebsetzung:	1992
Verkauf:	alle 2006 an SKGB
Anstrich:	grün (Z.11), rot (Z.12-14)

3071

In den dreißiger Jahren war auch in Österreich das Verkehrsaufkommen im Gefolge der Wirtschaftskrise rückläufig, so dass man sich bei den BBÖ Gedanken über mögliche Rationalisierungen machte. Man entschloss sich zum Bau von dampfbetriebenen Gepäcktriebwagen. Damit sollte die Beigabe eines Dienstwagens entfallen können. Der im Führerstand anwesende Zugbegleiter erübrigte den ansonsten aus Sicherheitsgründen vorgeschriebenen Heizer, die ölgefeuerte Lok konnte somit einmännig gefahren werden. Vorgesehen waren Einsätze im Städteschnellverkehr. Von 1935 bis 1938 wurden von der Lokomotivfabrik Floridsdorf insgesamt 20 Exemplare als DT 1.01-20 in Dienst gestellt. Entgegen der ursprünglichen Absicht, die Fahrzeuge im Schnellverkehr einzusetzen, wurden sie überwiegend auf Nebenbahnen und im Nahverkehr verwendet. Die DRG sah die Fahrzeuge als Personenzuglokomotiven an und reihte sie als 71 501-520 ein. Einige wurden sodann auch in München Ost und in Rosenheim stationiert. Alle kehrten 1945 nach Österreich zurück, 1953 vergaben die ÖBB noch an 18 Dampftriebwagen die Reihenbezeichnung 3071. Von den Einsätzen im Schnellverkehr blieb nicht viel übrig, und bis 1967 wurden die letzten Exemplare hauptsächlich auf Lokalbahnen verwendet. Der 3071.07 wurde im Museum Strasshof wieder betriebsfähig aufgearbeitet.

Bauart:	**1'B1'-h2t**
Anzahl:	**20**
Vmax:	**100 km/h**
Dienstgewicht:	**45 t**
Inbetriebsetzung:	**1935**
Ausmusterung:	**1967**
Anstrich:	**grün**

ÖBB 1116 077 *auf der Angertalbrücke der Tauernbahn am 21. August 2012*

1010

Die ÖBB benötigten in den fünfziger Jahren für die durchgehende Elektrifizierung der Westbahn neue Lokomotiven für den Schnellzugverkehr. Damals standen als Schnellzuglokomotiven nur die Baureihen 1570, 1670 und 1018 zur Verfügung. Der ursprünglich erwogene Weiterbau der Reihe 1018 wurde verworfen und man entschied sich stattdessen zur Beschaffung einer neu konstruierten Co'Co'-Lokomotive, da eine Bo'Bo'-Lokomotive mit entsprechender Leistung zu schwer gewesen wäre. In der Folge wurden bei SGP 020 Lokomotiven beschafft, die elektrische Ausrüstung stammte von AEG, Brown Boveri, Elin und Siemens. Sie sollte in der Ebene 650 Tonnen mit 120 km/h ziehen können, bei zehn Promille Steigung sollten bei gleicher Last 90 km/h erreicht werden. Als Besonderheit wurden die Loks 1010.01 und 02 probeweise mit ideellen Drehzapfen ausgestattet, dadurch konnte eine Verringerung der Radsatzlast auf 17,6 t gegenüber der Serienausführung mit 18,3 t erzielt werden. Die Lieferung der ersten 16 Exemplare erfolgte von Mai 1955 bis Oktober 1956, die restlichen vier Lokomotiven folgten Ende 1958. Die beiden Prototypen blieben in Wien West, der Rest kam nach Innsbruck. Später wurden die 1010 dann in Salzburg zusammengezogen, wo sie bis zum Ende ihrer Laufbahn verblieben. Zuletzt fanden sie nur noch im Güterverkehr Verwendung. Nach ihrer Ausmusterung wurden einige Exemplare zunächst von den ÖBB als Nostalgielokomotiven weiter betrieben, später verkauften die Bundesbahnen einige Lokomotiven an private Vereine.

Bauart:	**Co'Co'**
Anzahl:	**20**
Vmax:	**130 km/h**
Dienstgewicht:	**110 t**
Stundenleistung:	**4.000 kW**
Inbetriebsetzung:	**1955**
Ausmusterung:	**2002**
Anstrich:	**rot, grün**

1110

Basierend auf der Reihe 1010 beschafften die ÖBB auch 30 Güterzuglokomotiven, die als Reihe 1110 bezeichnet wurden. Der Unterschied zur erstgenannten Baureihe bestand lediglich in einer anderen Übersetzung. Die höhere Zugkraft wurde durch eine niedrigere Höchstgeschwindigkeit von lediglich 110 km/h erkauft, die Loks waren daher auch vorrangig für den Güterverkehr bestimmt. Die Lokomotiven konnten in der Ebene 1100 Tonnen ziehen, am Semmering und auf der Arlberg-Ostrampe 550 Tonnen und am Brenner 460 Tonnen. Wie schon bei der Reihe 1010 kam ein einseitiger BBC-Federantrieb zum Einbau. Die ersten zehn Fahrzeuge wurden von SGP zwischen Ende 1956 und Mitte 1958 ausgeliefert. Mechanisch entsprachen die 1110.01 bis 10 den Serienmaschinen 1010.03 bis 20. Ab Anfang 1959 erfolgte die Lieferung der restlichen 20 Maschinen, die bis April 1961 abgeschlossen war. Diese zweite Serie (1110.11-30) besaß dieselben ideellen Drehzapfen wie die Vorserienmaschinen 1010.01 und 02. Ursprünglich kamen alle 1110 nach Bludenz, nach der Semmering-Elektrifizierung gelangten fünf Stück nach Wien Süd. Später erfolgte eine Verteilung auf die Zugförderungen Bludenz, Innsbruck, Salzburg und Villach. Zehn Stück wurden später mit einer elektrischen, thyristorgesteuerten Widerstandsbremse nachgerüstet, die betroffenen Maschinen wurden in die Reihe 1110.5 umgezeichnet. Die letzten Exemplare waren in Linz zu Hause. Einige sind bei privaten Vereinen erhalten geblieben und werden heute auch noch manchmal im kommerziellen Dienst für verschiedene Privatbahnen eingesetzt.

Bauart:	**Co'Co'**
Anzahl:	**20**
Vmax:	**130 km/h**
Dienstgewicht:	**110 t**
Stundenleistung:	**4.000 kW**
Inbetriebsetzung:	**1955**
Ausmusterung:	**2002**
Anstrich:	**rot, grün**

1110.5

Beim Bau der 1010/1110 Familie hatte seitens der Techniker eine gewisse Abneigung gegen eine elektrische Bremse bestanden, weshalb ihr Einbau zunächst auch unterblieb. Es zeigte sich jedoch im Betrieb, dass eine solche Bremseinrichtung insbesondere im Steilrampenbetrieb vorteilhaft wäre. Daher erfolgte in den Jahren 1972-1975 ein entsprechender Umbau von insgesamt zehn Lokomotiven der Reihe 1110, die sodann als Reihe 1110.5 bezeichnet wurden. Dabei gelangte eine elektrische Widerstandsbremse mit 2460 kW Bremsleistung zum Einbau. Ähnliche Systeme hatten sich bis dahin bereits in den Reihen 1042.5 und 4010 bewährt. Außerdem wurde im Gefolge des Dachumbaus auch der Scherenstromabnehmer gegen einen Einholmpantographen ausgewechselt. Alle zehn Maschinen wurden nach ihrem Umbau in der Zugförderung Innsbruck beheimatet und kamen vor allem auf den Rampenstrecken der Arlbergbahn zum Einsatz. Später gelangten sie nach Villach und Bludenz. 1110.516, 519, 521, 522, 524, 529 und 530 besitzen modernisierte Stirnfronten. Neben dem Verkauf der 1110.524 an die MBS gingen einige Maschinen an private Vereine und werden als Museumslokomotiven genutzt. Die 1110.524 gehört heute der Regiobahn und wird fallweise auch vor Güterzügen eingesetzt.

Bauart:	**Co'Co'**
Anzahl:	**10**
Vmax:	**110 km/h**
Dienstgewicht:	**111 t**
Stundenleistung:	**4.000 kW**
Inbetriebsetzung:	**1956**
Ausmusterung:	**2002**
Anstrich:	**rot, rot/grau**
Verkauf:	**1110.524 an MBS, weiter an Regiobahn**

1012

Nach dem Auslaufen der Produktion der Reihe 1044 wollten die ÖBB eine neue Hochleistungslokomotive beschaffen, die über eine Leistung von 6,4 MW und eine Höchstgeschwindigkeit von 230 km/h verfügen sollte. Bei SGP entstanden in der Folge drei Prototypen, für die es jedoch keinen formalen Bestellvorgang, sondern nur eine Absichtserklärung gab. Im Dezember 1996 erfolgte doch noch ein Übereinkommen über den Kauf der drei Lokomotiven, die als Reihe 1012 in den Bestand der ÖBB kamen. Stromrichter und Leittechnik basierten auf dem Siemens Eurosprinter, aus dem später auch die ÖBB-Reihen 1016 und 1116 hervorgingen. Um sich teure Versuchsfahrten mit Messradsätzen zu ersparen, wurden die Lokomotiven nur für 160 km/h zugelassen. Sie wurden sodann in Innsbruck stationiert und vorwiegend vor Zügen der Rollenden Landstraße am Brenner eingesetzt. 2006 wurden die Loks abgestellt, da sie nach Beginn der Lieferung der Taurus-Lokomotiven 1016 und 1116 eine ungeliebte Splittergattung darstellten. Nach Probefahrten entschloss sich das schwedische Unternehmen Hector Rail zum Kauf der drei 1012 und bezeichnete sie als Reihe 141.

Bauart:	**Bo'Bo'**
Anzahl:	**3**
Vmax:	**160 km/h**
Dienstgewicht:	**82,6 t**
Stundenleistung:	**6.400 kW**
Inbetriebsetzung:	**1997**
Ausmusterung:	**2006**
Anstrich:	**rot/weiß**
Verkauf:	**1012.001-003 an Hector Rail**

1014

Ursprünglich hätte im Jahr 1995 in Wien und in Budapest gemeinsam eine Weltausstellung stattfinden sollen. Um dem zu erwartenden Schnellzugverkehr zwischen den beiden Metropolen gerecht werden zu können, entschlossen sich die ÖBB zur Beschaffung von Zweifrequenzlokomotiven, die nicht nur für die österreichische Stromversorgung (15 kV/16,7 Hz), sondern auch für das ungarische System (25 kV/50 Hz) geeignet sind. Dabei handelt es sich um eine Weiterentwicklung der Drehstromprototypen 1146.001-002. Die Lokomotiven verfügen daher über Drehstrom-Asynchronantrieb mit Frequenzthyristor-Umrichtern, auf die GTO-Technik wurde verzichtet. 1993 und 1994 wurden insgesamt 16 Lokomotiven von SGP geliefert. Im Anschluss daran wurden zwei sogenannte »Leichtlokomotiven« gebaut und als Reihe 1114 bezeichnet. Sie unterschieden sich von den 1014 durch die fehlenden Ballastgewichte; inzwischen wurden sie jedoch in 1014er umgebaut. Ursprünglich hätte diese Version mit Neigetechnik-Wagensätzen für kurvenschnelle Fahrt zum Einsatz kommen sollen, daraus wurde jedoch nichts. Neben wenig artgerechten Einsätzen im schweren Güterverkehr auf der Nordbahn nach Breclav wurde die Reihe 1014 im Personenverkehr nach Budapest und Sopron verwendet. Mit der Lieferung der Zweifrequenzlokomotiven der Reihe 1116 wurden die 1014 jedoch zur Splittergattung. Letzte Einsätze gab es noch am City-Airport-Train in Wien, wofür drei Maschinen eine spezielle grüne Lackierung erhielten. 2009 wurden die Loks außer Betrieb genommen und später nach Rumänien verkauft. Mittlerweile wurden sie nach Österreich heimgeholt, doch sind sie wegen einer Insolvenz des neuen Besitzers derzeit alle abgestellt.

Bauart:	**Bo'Bo'**
Anzahl:	**18**
Vmax:	**170 km/h**
Dienstgewicht:	**74 t**
Stundenleistung:	**3.332 kW**
Inbetriebsetzung:	**1993**
Ausmusterung:	**2016**
Anstrich:	**rot/weiß**
Verkauf:	**1014.001-005, 007-018 nach Rumänien, weiter an Zeller Transporttechnik**

1016

Für das im Bau befindliche Hochleistungsnetz und zur Ablöse älterer Baureihen führten die ÖBB eine Ausschreibung von vierachsigen Elektrolokomotiven durch, die Siemens gewann. Die Reihe 1016 basiert auf der Eurosprinter-Plattform und wurde aus den DB-Baureihen 120 und 152 entwickelt. Bei der Formgebung für die Stirnfronten wählte man jedoch ein wesentlich schnittigeres Design. Die Lokomotivkästen wurden in München-Allach gebaut, der Zusammenbau erfolgte – mit Ausnahme der Prototypen – im TS Werk Linz der ÖBB. Die Reihe 1016 besitzt Hochgeschwindigkeitsdrehgestelle mit eigenen Bremswellen und erreicht bis zu 230 km/h. Die 1016 besitzt eine Wendezugsteuerung, die auch mit anderen ÖBB-Baureihen kompatibel ist und Vielfachsteuerung zulässt. Nach der Erprobung der Prototypen im Jahr 1999 erfolgte zwischen 2000 und 2001 die Serienfertigung, so dass nunmehr insgesamt 50 Loks zur Verfügung stehen. Diese sind aktuell in Innsbruck beheimatet und auf nahezu allen Strecken der ÖBB sowohl im Reise- als auch im Güterverkehr anzutreffen. Drei Maschinen kommen beim City-Airport-Train in Wien zum Einsatz. Sie tragen eine grüne Sonderlackierung und sind in Wien Hauptbahnhof stationiert. Seitens der ÖBB wird für diese Baureihe und ihre Schwestern 1116 und 1216 der Name »Taurus« verwendet, der auch gesetzlich geschützt ist.

Bauart:	**Bo'Bo'**
Anzahl:	**50**
Vmax:	**230 km/h**
Dienstgewicht:	**85 t**
Stundenleistung:	**6.400 kW**
Inbetriebsetzung:	**1999**
Anstrich:	**rot, grün**

1116

Bereits bei der Lieferung der Prototypen der Reihe 1016 war mit der 1116.001 auch eine Variante in Zweisystemausführung (15 kV/16,7 Hz und 25 kV/50 Hz) geliefert worden. Diese ist somit auch für die Wechselstromnetze in Ungarn, der Slowakei und in Tschechien geeignet. Angesichts der nur geringen Mehrkosten gegenüber der Einsystemvariante 1016 entschlossen sich die ÖBB zur Beschaffung von insgesamt 350 Lokomotiven der Reihe 1116. Anfangs besaßen die 1116.001 – 025 einen dritten Stromabnehmer für das ungarische Netz, der jedoch inzwischen wieder abgebaut wurde. 1116.201 – 223 haben einen dritten Stromabnehmer für den Einsatz in der Schweiz. Die Endfertigung erfolgte wie bei der Reihe 1016 in Linz, wo auch Loks für andere Besteller wie die DB (Reihe 182), MÁV und GySEV (Reihe 1047/470) oder Siemens Dispolok (Reihe ES 64 U2/182.5) gebaut wurden. Die ÖBB-Bestellung wurde nachträglich zugunsten der Reihe 1216 reduziert, so dass insgesamt 282 Lokomotiven der Reihe 1116 für die ÖBB hergestellt wurden. Die Loks 1116.152 bis 158 und 200 bis 251 wurden für den Railjet adaptiert und erhielten eine spezielle Lackierung. Die Maschinen kommen in ganz Österreich zum Einsatz. Außerhalb Österreichs ist die Reihe 1116 planmäßig in Deutschland, Ungarn, Tschechien, Rumänien, Kroatien und in der Schweiz anzutreffen. Einige sind daher in Budapest Ferencváros beheimatet.

Bauart:	**Bo'Bo'**
Anzahl:	**282**
Vmax:	**230 km/h**
Dienstgewicht:	**85 t**
Stundenleistung:	**6.400 kW**
Inbetriebsetzung:	**1999**
Anstrich:	**rot, dunkelrot/grau (Railjet)**

1216

Der große Erfolg der Taurus-Familie 1016/1116 veranlasste die ÖBB, den letzten Teil der Bestellung der Reihe 1116 in eine Bestellung von 50 Viersystemlokomotiven der Type ES 64 U4 umzuwandeln. Diese erhielten die Bezeichnung 1216. Mechanisch entsprechen sie weitgehend der Reihe 1116, besitzen jedoch vier anstatt zwei Führerstandstüren. Elektrisch sind sie ähnlich der DB-Baureihe 189 als Viersystemlokomotive ausgeführt. Auch die 1216 wurde mit Ausnahme der Prototypen im TS-Werk Linz endgefertigt. Mit der 1216.050 wurde von Siemens mit 357 km/h ein Weltrekord für Lokomotiven aufgestellt. Diese Lok wurde später als 1216.025 an die ÖBB ausgeliefert und trägt eine entsprechende Sonderlackierung. Die Lokomotiven sind grundsätzlich für den Einsatz in Italien, Slowenien und in der Tschechischen Republik geeignet, doch sind nicht alle Zugsicherungssysteme in jeder Lokomotive eingebaut. Die Reihe 1216.0 ist für Italien und Slowenien zugelassen, die 1216.1 nur für Slowenien und die Reihe 1216.2 für Tschechien. Entsprechend sind die Loks in Innsbruck, Villach, Graz und Wien Hauptbahnhof stationiert. Zu den Paradeleistungen gehören die Railjets nach Italien und Tschechien. Dafür erhielten die Lokomotiven 1216.014, 016, 017, 018 und 020 sowie 229 – 231 und 239 – 240 die Railjet-Lackierung der ÖBB, 1216.233-237 und 249 – 250 wurden in den Farben der CD-Railjets lackiert und kommen zwischen Graz und Prag zum Einsatz. 32 Exemplare der Type ES 64 U4 wurden an die SZ als Reihe 541 geliefert, die PKP bekam zehn Maschinen als Reihe EU 44. Dazu kamen zahlreiche weitere Maschinen für Privatbahnen in Österreich und in Italien. Die CD verfügt mittlerweile über sechs eigene 1216, die von österreichischen Privatbahnen erworben wurden.

Bauart:	**Bo'Bo'**
Anzahl:	**50**
Vmax:	**230 km/h**
Dienstgewicht:	**87 t**
Stundenleistung:	**6.400 kW**
Inbetriebsetzung:	**2005**
Anstrich:	**rot, dunkelrot/grau (Railjet), hellblau/dunkelblau (CD Railjet)**

1018

Im Jahr 1930 wurde beschlossen, die Westbahnstrecke zwischen Salzburg und Wien zu elektrifizieren. Diese Pläne machten auch die Beschaffung geeigneter Lokomotiven für den Schnellzugdienst erforderlich. Damals wurden die 314 Kilometer mit Dampflokomotiven in gut vier Stunden zurückgelegt. Die Elektrifizierung sollte für eine deutliche Fahrzeitverkürzung sorgen. Das Leistungsprogramm sah daher vor, dass eine Elektrolokomotive 650 Tonnen schwere Züge in der Ebene mit 120 km/h und bei zehn Promille Steigung mit 90 km/h befördern können soll. Auf Grund der guten Erfahrungen der DRG mit der Reihe E 18 entschloss man sich auch in Österreich zur Beschaffung einer 1'Do1'-Type. In Anlehnung an die E 18 wurden 1937 acht Stück als Reihe 1870 bei der Lokomotivfabrik Floridsdorf bestellt. Die elektrischen Komponenten kamen von Siemens und AEG-Union. Die Lieferung erfolgte erst im Jahr 1940, bereits als DRG E 18^2. Nach dem Krieg wurde die E 18 206 kassiert, die übrigen wurden ab 1953 als 1018.01-05 und 07-08 bezeichnet. Aus den Resten der E 18 206 entstand zusammen mit Teilen der E 18 046 die 1018.101, die E 18 42 wurde schließlich als 1118.01 in den Bestand der ÖBB aufgenommen. Im Lauf der Zeit erfolgte ein Umbau auf eine zweifenstrige Stirnfront, auch eine Spurkranzschmierung wurde eingebaut. Die Lokomotiven waren zumeist auf der Westbahn eingesetzt, zuletzt fuhren sie auch nach Passau. 1992 wurde die letzte 1018 ausgemustert. Die 1018.05 blieb in Wien FJB als Nostalgielok erhalten, weitere Exemplare befinden sich bei der ÖGEG in Ampflwang.

Bauart:	**1'Do1'**
Anzahl:	**8**
Vmax:	**130 km/h**
Dienstgewicht:	**110 t**
Stundenleistung:	**3.340 kW**
Inbetriebsetzung:	**1940**
Ausmusterung:	**1992**
Anstrich:	**grün, rot**

1020

Bis 1938 gab es in Deutschland nur geringen Bedarf an einer schweren elektrischen Güterzugslokomotive für steile Bergstrecken. Das änderte sich mit dem Anschluss Österreichs. Basierend auf der Reihe E 93 entwickelte die DRG daher mit der E 94 eine leistungsfähige Co'Co'-Lokomotive für den Güterzugsdienst. Sie sollte bei 31 Promille Steigung immerhin 500 Tonnen mit 50 km/h ziehen können. Sie wurde ab 1940 von deutschen Werken gebaut; die E 94 001 wurde nach Innsbruck abgeliefert. Später sollte die E 94 auch in Österreich von der Lokomotivfabrik Floridsdorf gebaut werden. Dazu kam es aber infolge der Kriegsereignisse nicht. Nach 1945 befanden sich 44 Exemplare der Baureihe E 94 in Österreich, von den ÖBB wurden sie ab 1953 als Reihe 1020 bezeichnet. Aus Teilen angearbeiteter E 94 wurden 1953 in Floridsdorf schließlich drei weitere Lokomotiven fertiggestellt und als 1020.45-47 eingereiht. In den sechziger Jahren wurden an den Lokomotiven Großausbesserungen vorgenommen. Als signifikanteste Änderung wurden dabei die drei Stirnfenster durch eine zweifenstrige Front ersetzt. Ferner erfolgte der Einbau einer elektrischen Hochleistungsbremse. Diese Umbauten umfassten nicht die 1020.45-47, lediglich die 1020.46 erhielt in Bludenz auch die zweifenstrige Stirnfront. Die Haupteinsatzgebiete waren schwere Güterzüge in Westösterreich und im Raum Villach. 1995 schied die Reihe 1020 aus dem Betriebsdienst aus, doch werden einige Loks von privaten Vereinen als betriebsfähige Nostalgieloks erhalten. Die 1020.044 dient bei Metrans Railprofi Austria als Betriebslokomotive, vorwiegend im Schiebedienst.

Bauart:	Co'Co'
Anzahl:	47 (ÖBB)
Vmax:	90 km/h
Dienstgewicht:	120 t
Stundenleistung:	3.300 kW
Inbetriebsetzung:	1940
Ausmusterung:	1995
Verkauf:	1020.041 an MWB
Anstrich:	rot, grün

1822

Für den durchgehenden Güterverkehr München – Brenner – Verona gaben die ÖBB fünf Prototypen einer Zweisystem-Güterzuglok in Auftrag. Die damalige Planung sah die Verwendung vor Zügen der Rollenden Landstraße zwischen München und Verona vor. Die Lieferung der fünf Einheiten durch SGP Graz erfolgte 1991/92. Die elektrische Ausrüstung kam von ABB und Siemens. Die Loks sind sowohl für Wechselstrom als auch für die italienischen Gleichstromstrecken geeignet, die Führerstände berücksichtigen auch die italienischen Normen. Neben einem Wechselstrom-Pantographen sind zwei Stromabnehmer für Gleichstrom vorhanden. Die Erprobung stand unter keinem guten Stern, denn es gab immer wieder Probleme, vor allem mit der elektrischen Ausrüstung. Die ursprünglich geplante Beschaffung von mehr als 70 Lokomotiven unterblieb daher. Die Zulassung in Italien erfolgte nur für den Abschnitt Brenner – Franzensfeste – Innichen. Die Maschinen waren in Innsbruck stationiert und fuhren vorwiegend Korridorzüge zwischen Innsbruck und Lienz. Zwei wurden in der Folge nach Polen verkauft, sie wurden dort inzwischen abgestellt und verschrottet. Die übrigen drei gingen an die P&P Eisenbahntechnik in Krieglach, wo zwei Exemplare wieder betriebsfähig gemacht wurden. Zunächst waren sie an die LTE für Containerzüge nach Koper vermietet, es gab aber laufend Probleme mit den Einsätzen im slowenischen Gleichstromnetz. Seit 2020 wurden sie an MMV Rail Austria vermietet, im Herbst 2021 jedoch neuerlich abgestellt.

Bauart:	**Bo'Bo'**
Anzahl:	**5**
Vmax:	**140 km/h**
Dienstgewicht:	**81 t**
Stundenleistung:	**4.330 kW**
Inbetriebsetzung:	**1991**
Verkauf:	**1822.002, 005 an PTKiGK (Polen), 1822.001, 003, 004 an P&P**
Anstrich:	**rot/weiß**

1040

Nach dem Zweiten Weltkrieg erstellten die ÖBB ein Programm zur Elektrifizierung von 2.000 weiteren Streckenkilometern. Dafür waren neue Elektrolokomotiven erforderlich. Nachdem sich die 1045/1145/1245-Familie grundsätzlich bewährt hatte, entschlossen sich die ÖBB 1947 zur Beschaffung einer Weiterentwicklung dieser bewährten Bo'Bo'-Lokomotiven. Für die neuen Loks wurde das Lastenheft der Reihe 1245 grundsätzlich weiterverwendet. Allerdings wurde die Leistung erhöht und die Höchstgeschwindigkeit um 10 km/h angehoben. Gebaut wurden sie von der Lokomotivfabrik Floridsdorf. Anfänglich als 1170.300 bezeichnet, erhielten die Loks schließlich die endgültige Reihenbezeichnung 1040. Insgesamt 16 Stück wurden bis 1953 gebaut. Ursprünglich waren die ersten zehn 1040er mit einer flachen Stirnfront ausgestattet, in den sechziger Jahren erfolgte eine Angleichung an die gewölbte Front der 1040.11-16. Weitere Umbauten umfassten den Ersatz des Sècheron-Federantriebs durch einen Gummihohlfedernantrieb. In den achtziger Jahren wandelte sich das Aufgabengebiet der 1040, die nunmehr zunehmend in untergeordneten Diensten eingesetzt wurden. Aus diesem Grund wurden sie mit speziellen Verschieberauftritten ausgestattet, außerdem wurde der Führerstand für den Verschubdienst adaptiert. Zuletzt versahen sie ihren Dienst in untergeordneten Diensten in Wien Süd und in Selzthal; bis 2003 wurden alle Loks dieser Reihe ausgemustert. Einige Exemplare blieben jedoch für Nostalgiefahrten erhalten.

Bauart:	**Bo'Bo'**
Anzahl:	**16**
Vmax:	**90 km/h**
Dienstgewicht:	**80 t**
Stundenleistung:	**2.360 kW**
Inbetriebsetzung:	**1950**
Ausmusterung:	**2003**
Anstrich:	**rot, grün**

1041

Nachdem mit der Reihe 1040 der unmittelbare Nachkriegsbedarf gedeckt worden war, machten sich die ÖBB an die Beschaffung einer neuen Baureihe, die nach moderneren Grundsätzen konstruiert werden sollte. Es handelt sich um die ersten Lieferungen der Firma SGP Graz, die von nun an den Lokomotivbau in Österreich dominieren sollte. Elektrisch basiert die 1041 auf der 1040, mechanisch ging man aber modernere Wege. Dabei erfolgt die Kastenabstützung am Drehgestell über einen Wiegebalken. Als Antrieb wählte man den bei der Reihe 1018 bewährten AEG-Federtopfantrieb. Die ersten 15 Exemplare besaßen wiederum eine glatte Stirnfront, die 1041.16-25 erhielten jedoch eine Bügelfalte und Blendschutzdächer. Äußerlich erfolgten im Lauf der Jahre keine großen Änderungen, lediglich der Blendschutz entfiel. Das zunehmende Abwandern der 1041 in den Verschubdienst führte dazu, dass die Führerstände für beidseitige Bedienung ausgerüstet wurden. Vier Lokomotiven erhielten neue Getriebe und erreichten dadurch 110 km/h (1041.202, 204, 219, 222). Die meisten Lokomotiven befanden sich zuletzt in Attnang-Puchheim und wurden allmählich in den Rangierbetrieb verdrängt. Bis 2003 wurden alle ausgemustert. Einige 1041 blieben bei Vereinen erhalten und sind zum Teil betriebsfähig.

Bauart:	**Bo'Bo'**
Anzahl:	**25**
Vmax:	**90/110 km/h**
Dienstgewicht:	**83 t**
Stundenleistung:	**2.360 kW**
Inbetriebsetzung:	**1952**
Ausmusterung:	**2003**
Verkauf:	**1041.202 an RPS**
Anstrich:	**rot, grün**

1141

Mitte der fünfziger Jahre wurde bei den ÖBB die Streckenhöchstgeschwindigkeit auf vielen Bahnlinien schrittweise angehoben. Da die Geschwindigkeit der 1041 mit 90 km/h somit nicht mehr ausreichend erschien, kam es zur Weiterentwicklung in Form der Reihe 1141, die 110 km/h erreichen sollte. Erstmals kam dabei in Österreich der seither vielfach bewährte Siemens-Gummiringfederantrieb zur Anwendung. Um die Abnutzung der Spurkränze möglichst klein zu halten, wurden die beiden Drehgestelle quergekuppelt. Der Lokkasten wurde etwas modernisiert, die elektrische Ausrüstung weitgehend von der Reihe 1041 übernommen. Das Gewicht von 80 Tonnen durfte nicht überschritten werden, weshalb auch keine elektrische Widerstandsbremse eingebaut wurde. Zwischen 1955 und 1958 gelangten insgesamt 30 Einheiten von SGO Graz zur Ablieferung. Ursprüngliches Einsatzgebiet war die Südbahnstrecke, später wanderten sie nach Salzburg und Wien West ab, und zuletzt befanden sich die Lokomotiven in Linz und in Attnang-Puchheim, wo sie sich vor allem im Regionalzugdienst nützlich machten. Die 1141.03 wurde nach einem schweren Unfallschaden mit Teilen der 1050.01 wieder aufgebaut. Weitere acht Maschinen (1141.005, 008, 019, 020, 022, 023, 026 und 027) erhielten zwischen 1990 und 1996 noch eine erweiterte Hauptausbesserung, äußerlich fallen vor allem die verlegten Einstiege auf. Nach ihrer Ausmusterung blieben einige Lokomotiven erhalten, die 1141.024 ging an das das private EVU RPS.

Bauart:	**Bo'Bo'**
Anzahl:	**30**
Vmax:	**110 km/h**
Dienstgewicht:	**80 t**
Stundenleistung:	**2.360 kW**
Inbetriebsetzung:	**1955**
Ausmusterung:	**2003**
Verkauf:	**1141.024 an RPS**
Anstrich:	**rot, grün**

1042

Die durchgehende Elektrifizierung der Südbahn von Wien nach Villach erforderte den Bau neuer Lokomotiven. Die Erfahrungen mit der sechsachsigen 1010 waren auf den engen Radien des Semmering nicht sehr positiv gewesen. Darüber hinaus wird eine derartige Lokomotive nur am Semmering benötigt, auf der restlichen Südbahnstrecke würde sie leistungsmäßig nicht ausgenützt werden. Die ÖBB entschieden sich daher 1963 zum Bau einer kräftigen Bo'Bo'-Lokomotive, die das Leistungsprogramm der 1010 erfüllen sollte. Am Semmering wurden ohnehin Vorspannleistungen benötigt. Das Leistungsprogramm sah 955 Tonnen schwere Züge in der Ebene mit 120 km/h bis hin zu 500 Tonnen bei 25 Promille Steigung mit 60 km/h vor. Neben einer Höchstgeschwindigkeit von 130 km/h war auch der Einbau einer elektrischen Bremse vorgesehen. Letztere wurde in Form einer Widerstands-Nutzbremse ausgeführt. In dieser Form lieferte SGP Floridsdorf von 1963 bis 1966 insgesamt 60 Lokomotiven ab. Anfangs gab es Probleme mit Überschlägen an den Motoren. Der ursprüngliche EM 890 (1042.001-038) wurde durch die Schweizer Type EM 910 (1042.048-060) sowie eine Weiterentwicklung des EM 890 in Gestalt des EM 1001 (1042.039-047) ersetzt. Die Erstlieferungen (1042.001-030) haben Scherenstromabnehmer, 1042.031-060 Einholmpantographen in Spießgangstellung. Ab der 61. Maschine wurde die Höchstgeschwindigkeit auf 150 km/h angehoben; sie erhielten die Bezeichnung 1042.5. Die meisten dieser Loks wurden in 1142er umgebaut. Alle 1042.0 und die verbliebenen 1042.5 sind mittlerweile ausgemustert, die letzten betriebsfähigen Exemplare wurden an Widmer Rail Services in der Schweiz verkauft. Die 1042.023 wurde zunächst zur ÖBB-Nostalgielok, dann an RPS verkauft.

Bauart:	**Bo'Bo'**
Anzahl:	**257**
Vmax:	**130/150 km/h**
Dienstgewicht:	**83 t**
Stundenleistung:	**3.600/4.000 kW**
Inbetriebsetzung:	**1963**
Verkauf:	**1042.520 an Centralbahn, 9 Stück an WRS, 1042.023 an RPS**
Anstrich:	**rot**

1142

Die Bewährung der Motortype EM 1001 bei einigen Exemplaren der 1042 führte dazu, dass dieser Motor fortan bei allen Neubauten der 1042 zum Einbau gelangte. Nachdem die Streckenhöchstgeschwindigkeiten in Österreich oft schon bei 140 km/h lagen, entschloss man sich zu einer Änderung des Getriebes, so dass die Lok nunmehr 150 km/h schnell war. Außerdem wurde eine Hochleistungswiderstandsbremse eingebaut. In dieser Form wurden die Loks nunmehr als Reihe 1042.5 bezeichnet. Ab 1967 bis 1977 wurden insgesamt 197 Maschinen gebaut. Die ersten 30 stammten noch von SGP Floridsdorf, nach Stilllegung des Werkes wanderte die Produktion zu SGP Graz. 1042.501 bis 520 wurden noch so wie die 1042.0 mit Elin-Nutz-Widerstandsbremse geliefert, bei den folgenden Exemplaren gelangte dann eine thyristorgesteuerte Hochleistungswiderstandsbremse zum Einbau. In jüngerer Zeit erfolgten Umbauten, bei denen kleinere Scheinwerfer eingebaut und die Führerstands-Eckfenster verschlossen wurden. Für die ab 1996 erfolgte Einführung von Wendezügen bei den ÖBB werden die meisten 1042.5 mit Vielfachsteuerung versehen und als Reihe 1142 bezeichnet. Diese Steuerung ist auch mit den Reihen 1x16, 1144, 1293 und 2016 kompatibel.

Die Lieferung der Reihe 1116 reduzierte das Aufgabengebiet der Reihe 1142. Daher wurde begonnen, zur Untersuchung anstehende Lokomotiven auszumustern. Einige Exemplare wurden ins Ausland verkauft, vor allem an Hectorrail in Schweden sowie an deutsche Privatbahnen. Später erwarben auch österreichische Eisenbahnunternehmen gebrauchte 1142.

Bauart:	**Bo'Bo'**
Anzahl:	**174**
Vmax:	**150 km/h**
Dienstgewicht:	**83 t**
Stundenleistung:	**4.000 kW**
Inbetriebsetzung:	**1969**
Verkauf:	**Zwölf Stück an Hectorrail, je sechs Stück an GCA und Pro-Lok, drei Stück an Steiermarkbahn, je zwei Stück an ESG und Northrail, 1142.704 an Centralbahn**
Anstrich:	**rot, rot/grau**

1043

Mit der Reihe 1042 war die Leistungssteigerung bei vierachsigen Elektrolokomotiven mit Stufenschalteinrichtung leistungsmäßig an ihrem Ende angelangt. Weitere Steigerungen waren nur mit stufenloser Zugkrafterhöhung möglich. In Schweden wurde Ende der sechziger Jahre eine neue Technologie mittels Thyristorgleichrichtern statt Diodengleichrichtern erprobt. Dadurch wurde eine um bis zu 30 Prozent höhere Zugkraftausnützung möglich. 1970 gab es darauf bei den ÖBB einen Probeeinsatz mit einer schwedischen Rc2. Dieser verlief erfolgreich und so wurden vier derartige Lokomotiven bei ASEA bestellt und von Oktober 1971 bis Februar 1972 als Reihe 1043 geliefert. Die Lokomotiven bewährten sich auf der Tauernbahn und so wurden noch sechs weitere Maschinen beschafft. Ab der 1043.04 wurde die Leistung von 3.600 auf 4.000 kW angehoben; diese Lokomotiven hatten auch ein höheres Gesamtgewicht. Alle verfügten über eine elektrische Bremse und eine Vielfachsteuerung für den Einsatz im Tandembetrieb. Sie waren in Villach stationiert und wurden vorwiegend im Güterverkehr auf der Tauernbahn und nach Tarvis eingesetzt. Es gab aber auch einen Langlauf mit Schnellzügen zwischen Wien und Tarvis. Die 1043.005 wurde 1999 nach einem Unfall ausgemustert, die übrigen neun Maschinen wurden 2001 nach Schweden an TAGAB veräußert.

Bauart:	**10**
Vmax:	**135 km/h**
Dienstgewicht:	**77/83 t**
Stundenleistung:	**3.600/4.000 kW**
Inbetriebsetzung:	**1971**
Ausmusterung:	**2001**
Verkauf:	**neun Stück an TAGAB**
Anstrich:	**rot**

1044

Der Erfolg der 1043 sorgte bei den ÖBB für den Entschluss, künftig nur mehr Thyristorloks zu beschaffen. Die Beschaffung weiterer 1043 kam jedoch auf Grund der niedrigen Höchstgeschwindigkeit von 135 km/h nicht in Frage, da man mittlerweile 160 km/h anpeilte. Die schwedische Rc3 hätte diesen Wunsch erfüllt, doch ging das auf Kosten der Zugkraft. Die ÖBB entschlossen sich daher, eine für ihre Wünsche maßgeschneiderte Thyristorlokomotive zu beschaffen. Zunächst wurden zwei Prototypen bestellt (1044.01-02). 1044.01 verfügte über Achtbrückenschaltung, 1044.02 über Vierbrückenschaltung. Da sich auch die 1044.02 bewährte, wurde deren Ausrüstung als Vorbild für die Serienlieferungen durch SGP Graz ab 1977 genommen. Die Maschinen 1044.003 bis 070 verfügten über niedrige Groblüftungsgitter. Probleme mit Flugschnee führten jedoch zu einer Änderung und 1044.071 bis 095 sowie 097 wurden mit höheren durchgehenden Düsenlüftern ausgerüstet. 1044.096 und 098 bis 126 erhielten dann eine Mischung aus hohen Düsenlüftern und Grobgittern. Von 1990 bis 1995 folgten schließlich die 1044.201 bis 290, die eine geänderte Drehgestellkonstruktion, eine bessere Schalldämmung sowie eine andere Übersetzung aufweisen. 1044.216 bis 257 wurden mit einer Vielfachsteuerung für den Tandembetrieb am Brenner ausgerüstet. 1044.023, 043, 092, 096 und 117 wurden nach Unfällen neu aufgebaut, desgleichen die 1044.051, die nunmehr als 1044.200 bezeichnet wird. Die 1044.01 wurde 1987 zur Schnellfahr-Versuchslokomotive 1044.501 umgebaut. 1997 wurde sie auf Normaldrehgestelle für 160 km/h zurückgebaut und 2001 ausgemustert, doch blieb sie museal erhalten. Auch der Prototyp 1044.02 wurde inzwischen ausgemustert. Einige weitere Kassierungen waren durch Unfälle bedingt. Die verbliebenen Lokomotiven wurden in der Folge auf Vielfachsteuerung als Reihe 1144 umgebaut.

Bauart:	**Bo'Bo'**
Anzahl:	**216**
Vmax:	**160 km/h**
Dienstgewicht:	**84 t**
Stundenleistung:	**5.400 kW**
Inbetriebsetzung:	**1974**
Anstrich:	**rot/grau**

1144

Die Lokomotiven der Reihe 1044 erwiesen sich auf Steilstrecken oft als zu schwach, so dass im schweren Güterzugdienst Vorspannleistungen notwendig sind. Um dabei einen zweiten Lokführer einzusparen, begannen die ÖBB im Jahr 2002, die Reihe 1044.2 mit einer kompatiblen Wendezug- und Vielfachsteuerung auszurüsten, wie sie auch in den Reihe 1x16, 1142, 1293 und 2016 vorhanden ist. Dadurch können die Lokomotiven aller Baureihen untereinander in Vielfachsteuerung gefahren werden, außerdem ist der Einsatz mit Wendezügen möglich. Einige Lokomotiven wurden auch mit einer Funkfernsteuerung für die Verwendung als unbesetzte Schiebelokomotive ausgestattet, doch gab es für diese Betriebsform keine Zulassung. Der Umbau der 1044.2 in 1144.2 wurde 2005 abgeschlossen. Da sich der Umbau bewährte, entschlossen sich die ÖBB im Jahr 2009, auch die Loks der Reihe 1044.0 in 1144 umzubauen. Dieser Umbau endete 2013. Die Lokomotiven der Reihe 1144 sind in Bludenz, Innsbruck, Villach, Linz, Graz und Wien West beheimatet. Sie werden überwiegend im Güterzugdienst eingesetzt, dazu kommen Einsätze mit Wendezügen im Regionalverkehr sowie einzelne Schnellzugleistungen. 55 Lokomotiven sind bis Ende 2020 ohne Ausbesserung abgestellt worden. Ein zu diesem Zeitpunkt geplanter Verkauf in die Türkei zerschlug sich. Ein anhaltenden Lokmangels sorgte dafür, dass einige der abgestellten 1144 inzwischen reaktiviert wurden.

Bauart:	Bo'Bo'
Anzahl:	147
Vmax:	160 km/h
Dienstgewicht:	84 t
Stundenleistung:	5.400 kW
Inbetriebsetzung:	1978
Anstrich:	rot/grau

1045

In den zwanziger Jahren fanden die BBÖ mit den bisher beschafften Elektrolokomotiven für die geplanten Streckenelektrifizierungen nicht mehr das Auslangen. Es wurden stärkere und schnellere Fahrzeuge benötigt. Daher kamen sowohl ein Stangenantrieb als auch ein starrer Rahmen nicht mehr in Frage. Deshalb entschloss man sich zur Entwicklung einer vierachsigen Drehgestelllokomotive. Eine solche gelangte als BBÖ-Reihe 1170 im Jahr 1927 ans Licht der Öffentlichkeit. Als Antriebsform wählte die mit dem Bau des elektrischen Teils beauftragte ELIN den Sècheron-Hohlwellenfederantrieb. Insgesamt entstanden 14 Stück dieser Lokomotive, die das Vorbild vieler weiterer österreichischer Bo'Bo'-Typen werden sollte. Die mechanischen Teile fertigte die Lokomotivfabrik Wiener Neustadt, nach deren Schließung kamen die letzten vier Lokomotiven aus Floridsdorf. Das Haupteinsatzgebiet der ersten zehn 1170er war die Salzkammergutbahn Attnang-Puchheim – Stainach-Irdning, vier wurden für die Mittenwaldbahn gebaut. Die DRG bezeichnete sie als E 45.01-14 und konzentrierte alle Lokomotiven in Attnang-Puchheim. E 45 02 und E 45 11 fielen den Kriegsereignissen zum Opfer, der Rest wurde 1953 unter Beibehaltung der Ordnungsnummern in Reihe 1045 umgezeichnet. Die nach einem Unfall beschädigte 1045.11 wurde nach einem Unfallschaden als 1145.16 neu aufgebaut. Die 1045.01 und 03 erwarb 1980 die Montafonerbahn, wo sie noch länger in Betrieb standen. Heute befinden sich beide im Museum in Ampflwang. 1045.12 steht als Denkmal in Attnang-Puchheim, 1045.09 blieb als betriebsfähige Nostalgielok erhalten geblieben.

Bauart:	Bo'Bo'
Anzahl:	14
Vmax:	60 km/h
Dienstgewicht:	61 t
Stundenleistung:	1.140 kW
Inbetriebsetzung:	1927
Ausmusterung:	1994
Verkauf:	1045.01 und 03 an MBS
Anstrich:	rot, grün

1145

Auf Grund der positiven Erfahrungen mit der Reihe 1170 (1045) entschlossen sich die BBÖ zur Weiterentwicklung dieser Type. Die 1170.100 erhielt eine höhere Radsatzlast (17 t), womit man die Leistung um 20% erhöhen und die Lok etwas länger bauen konnte. Die Höchstgeschwindigkeit betrug 70 km/h. Die elektrische Ausrüstung stammte von ELIN, den mechanischen Teil lieferte zunächst Krauss in Linz für 1170.101 bis 106. Nach der Schließung dieser Lokomotivfabrik wurden die restlichen Maschinen in Floridsdorf gebaut. Von 1929 bis 1931 wurden insgesamt 15 Lokomotiven geliefert. Die DRG bezeichnete sie als E 45 101 bis 115, E 45 101 und E 45 103 wurden 1944 bzw. 1945 ausgemustert. Die übrigen Maschinen wurden von den ÖBB als Reihe 1145.02 und 1145.04-15 bezeichnet. 1966 wurde aus den Resten der verunfallten 1045.11 in der Hauptwerkstätte Linz eine neue Lokomotive aufgebaut und als 1145.16 bezeichnet. Die Maschinen waren überwiegend in Tirol im Einsatz, einige ab Mitte der siebziger Jahre auch in Attnang-Puchheim. Die Ausmusterungen begannen 1978, 1990 schieden die letzten Exemplare aus dem Bestand, 1145.02 ist als betriebsfähige Nostalgielok erhalten geblieben.

Bauart:	**Bo'Bo'**
Anzahl:	**16**
Vmax:	**70 km/h**
Dienstgewicht:	**71 t**
Stundenleistung:	**1.300 kW**
Inbetriebsetzung:	**1929**
Ausmusterung:	**1990**
Anstrich:	**rot, grün**

1245

Wegen der fortschreitenden Elektrifizierung ihrer Strecken benötigten die BBÖ ab 1930 weitere elektrische Lokomotiven. Benötigt wurde unter anderem eine Universallokomotive für Güterzüge und leichte Reisezüge. Das Lastenheft sah die Beförderung von 800 Tonnen schweren Güterzügen auf einer 10-Promille-Steigung mit 47 km/h vor, in der Ebene sollten 1500 Tonnen mit 56 km/h gezogen werden. Man entschied sich zur Beibehaltung der Achsfolge Bo'Bo'. Die Reihe 1170.1 wurde daher zur 1170.2 weiterentwickelt. Die Leistung wurde erheblich gesteigert, das wurde auch durch eine auf 20 Tonnen gesteigerte Radsatzlast erleichtert. Die mechanischen Teile lieferte die Lokomotivfabrik Floridsdorf, die elektrischen Komponenten stellten AEG-Union, Brown-Boveri, ELIN und Siemens-Schuckert her. Von 1934 bis 1936 wurden acht Lokomotiven geliefert, 1938/39 folgten 1170.209-233. Bereits mit DRG-Nummern wurden im Jahr 1940 E 45 234-241 geliefert. 1170.201-206 hatten ein Haubendach, das später dem vorgezogenen Dach der Reihe 1170.1 (1145) angeglichen wurde. Ab 1170.207 wurden die Loks bereits in der modifizierten Form gefertigt. 1170.219-228 wurden ohne Widerstandsbremse geliefert. Während des Zweiten Weltkriegs gingen E 45 206, 215 und 226 verloren. E 45 201-208 wurden 1953 als 1245.01-08 bezeichnet, E 45 209-241 als 1245.509-541. E 45 219-228 hießen zunächst 1245.619-628, nach dem Einbau einer E-Bremse wurden sie in 1245.519-528 umnummeriert. Anfänglich waren die Lokomotiven in Innsbruck, Salzburg und Bludenz stationiert, später dann auch in Villach und Linz. 1995 wurden die letzten Exemplare noch in Selzthal und Knittelfeld eingesetzt, dann folgte die Kassierung. Einige Maschinen blieben jedoch bei verschiedenen Vereinen als betriebsfähige Museumslokomotiven erhalten.

Bauart:	**Bo'Bo'**
Anzahl:	**41**
Vmax:	**80 km/h**
Dienstgewicht:	**83 t**
Stundenleistung:	**1.840 kW**
Inbetriebsetzung:	**1934**
Ausmusterung:	**1995**
Anstrich:	**rot, grün**

1046 (Umbauvariante)

Im Jahr 1953 wollten die ÖBB ein leichtes Triebfahrzeug für den Schnellzugdienst beschaffen. Die Lokomotivfabrik Floridsdorf entwarf eine Schnellzuglokomotive mit Gepäckabteil, die von den ÖBB als Gepäcktriebwagen bezeichnet wurde. Von 1956 bis 1958 wurden 25 Exemplare hergestellt. Die zunächst als Reihe 4061 bezeichneten Bo'Bo'-Gepäcktriebwagen wurden 1976 in Lokomotiven der Reihe 1046 umgezeichnet. Sie waren vorwiegend im Raum Wien eingesetzt. Nachdem sich an den Lokomotivkästen starke Korrosion zeigte, entschloss man sich bei den ÖBB, einen Teil der Lokomotiven neu aufzubauen. Auf den weitgehend unveränderten Rahmen wurde dabei ein völlig neuer Kasten aufgesetzt. Dabei entfiel auch der Gepäckraum im Inneren der Lokomotive. Anfänglich trugen einige der Umbauten noch Scherenstromabnehmer, später wurden alle Loks mit Einholmstromabnehmern ausgerüstet. Die guten Laufeigenschaften erlaubten eine Anhebung der Höchstgeschwindigkeit auf 140 km/h. Von den ursprünglich 25 Lokomotiven der Reihe 4061/1046 wurden insgesamt 13 Exemplare in der beschriebenen Form aufgearbeitet: 1046.001, 005-009, 012, 016, 019, 021-024. Die 1046.25 wurde 1980 in eine Drehstromversuchslokomotive umgebaut. Nach deren Erprobung erfolgte der Umbau von 1046.03 und 17 in 1146.001 und 002, wobei die Maschinen neue Kästen erhielten. Bis 2003 wurden alle 1046 ausgemustert, doch sind einige modernisierte Exemplare als Museumslokomotiven erhalten geblieben.

Bauart:	**Bo'Bo'**
Anzahl:	**25**
Vmax:	**140 km/h**
Dienstgewicht:	**67 t**
Stundenleistung:	**1.600 kW**
Inbetriebsetzung:	**1956**
Ausmusterung:	**2003**
Verkauf:	**1046.022, 024 an Centralbahn**
Anstrich:	**rot, grün**

1161

Die fortschreitende Elektrifizierung machte ab Mitte der zwanziger Jahre auch die Beschaffung von elektrischen Verschublokomotiven notwendig. Bis dahin hatte man sich im Verschub mit elektrischen Streckenlokomotiven beholfen. Die BBÖ beschafften zunächst fünf Exemplare der Reihe 1070. Im Jahr 1928 folgte eine etwas stärkere Version als Reihe 1070.1, die bis 1932 in 16 Exemplaren gebaut wurden. Die mechanische Ausrüstung stammte von der Lokomotivfabrik Floridsdorf, die elektrischen Komponenten wurden von AEG-Union entwickelt und hergestellt. Die Lokomotiven hatten einen Stangenantrieb über eine Blindwelle, sie waren auch für den Dienst an Abrollbergen geeignet. Das Mittelführerhaus sollte einen guten Überblick im Verschubdienst gewährleisten. Zunächst wurden sie in den größeren Bahnhöfen westlich von Salzburg eingesetzt, später kamen sie auch nach Attnang-Puchheim, Villach und Wien, letzteres für die Pressburgerbahn. Bei der DRG wurden sie als E 61 101-116 bezeichnet, 1940 wurden dann nochmals sechs Exemplare als E 61 117-122 gebaut. Die E 61 103 wurde 1946 kassiert, die übrigen reihten die ÖBB 1953 als Reihe 1161 in ihr Nummernschema ein. Sie dienten noch lange Jahre in Innsbruck, Salzburg und Villach, die letzten Einsätze bestritten sie in Bischofshofen. Bis 1994 wurden die letzten Exemplare kassiert. Einige sind museal erhalten geblieben, die 1161.19 arbeitete die ÖGEG wieder betriebsfähig auf.

Bauart:	**D**
Anzahl:	**16**
Vmax:	**40 km/h**
Dienstgewicht:	**56 t**
Stundenleistung:	**750 kW**
Inbetriebsetzung:	**1928**
Ausmusterung:	**1994**
Anstrich:	**rot, grün**

1062

Nach dem Zweiten Weltkrieg bestand bei den ÖBB auch Bedarf an einer neuen elektrischen Verschublokomotive. Die guten Erfahrungen mit den Reihen 1061 und 1161 (BBÖ 1070, 1070.100) veranlassten die Verantwortlichen, wiederum eine Stangenlokomotive zu beschaffen. Sie sollte jedoch auch Verschubgüterzüge führen können, weshalb die Höchstgeschwindigkeit mit 50 km/h festgesetzt wurde. Es wurden daher zwölf Maschinen als Reihe 1062 bestellt und 1955 geliefert. Der mechanische Teil kam von der Lokomotivfabrik Floridsdorf, die elektrische Ausrüstung lieferten AEG-Union und Siemens-Schuckert. Der Entwurf basierte weitgehend auf der Reihe 1161. Jedoch wurde das Führerhaus weit von der Mitte weggerückt, weil alle elektrischen Hauptbauteile in einem langen Vorbau untergebracht werden sollten. Diese Bauart bewährte sich weitgehend über 40 Jahre hinweg. Alterungsschäden gab es vor allem bei den Radsternen. Die 1062 waren zuletzt jahrelang in Wien Süd beheimatet und erst 1995 schieden die letzten Exemplare nach der Inbetriebnahme der Reihe 1163 aus dem Plandienst. Die 1062.07 blieb als Nostalgielok betriebsfähig erhalten und befindet sich im Museum Strasshof.

Bauart:	**D**
Anzahl:	**12**
Vmax:	**50 km/h**
Dienstgewicht:	**68 t**
Stundenleistung:	**770 kW**
Inbetriebsetzung:	**1955**
Ausmusterung:	**1995**
Anstrich:	**rot, grün**

1063

Bis in die siebziger Jahre hinein verwendeten die ÖBB im Verschubdienst neben älteren elektrischen Streckenlokomotiven vor allem Dieselverschubloks. Die Ölkrise führte zu einem Umdenken, weshalb man sich zum Bau einer modernen elektrischen Verschublokomotive entschloss. Berechnungen hatten nämlich ergeben, dass solche Fahrzeuge im Verschub deutlich billiger sind als zweckentfremdete Streckenlokomotiven. Probefahrten mit einer Lok der Ruhrkohle AG erwiesen sich als vielversprechend, und 1982/83 erfolgte die Lieferung von fünf Prototypen. Diese waren mit Drehstromantriebsmotoren ausgerüstet, die vor allem für den Verschubbetrieb gut geeignet sind. Allerdings waren sie mit 19 Tonnen Radsatzlast leichter als die Lokomotive der Ruhrkohle AG, dafür war die Streckenhöchstgeschwindigkeit mit 80 km/h größer. Um auch den tschechischen Grenzbahnhof Břeclav (25 kV/50 Hz) befahren zu können, wurden die Fahrzeuge als Zweifrequenzloks ausgeführt. 1986 begann der Serienbau. Die Loks unterschieden sich von den Prototypen vor allem durch geänderte Lufteinlässe für verbesserten Schallschutz, dabei erfuhren vor allem die Stirnfronten größere Änderungen. Außerdem wurde die Leistung erhöht, ebenso die Höchstgeschwindigkeit. 1063.006-037 wurden bis 1988 geliefert. 1990/91 folgten 1063.038-050, die jedoch mit Ausnahme der 1063.047 nur für die bei den ÖBB übliche Spannung von 15 kV/16,7 Hz geeignet sind. Die Loks sind heute in ganz Österreich anzutreffen.

Bauart:	**Bo'Bo'**
Anzahl:	**50**
Vmax:	**100 km/h**
Dienstgewicht:	**76 t**
Stundenleistung:	**1.950 kW**
Inbetriebsetzung:	**1982**
Anstrich:	**rot**

1163

Auf Grund der guten Erfolge mit der 1063 entschlossen sich die ÖBB zum Bau einer Nachfolgebauart, die als 1163 bezeichnet wurde. Diese Lokomotiven sollten vor allem dabei helfen, die wartungsintensiven Altbauloks der Reihen 1245 und 1062 abzulösen. Basierend auf der 1063 wurden einige Veränderungen vorgenommen. Dabei kam die neueste Halbleitertechnik (Vierquadrantensteller-GTO) zum Einsatz. Verschieberüberstiege an beiden Enden modernisierten das Erscheinungsbild. Zum Zweck der Lärmminderung wurde die Lüfterregelung bedarfsabhängig gestaltet. Um dem steigenden Geschwindigkeitsniveau auch im Güterverkehr Rechnung zu tragen, wurde die Höchstgeschwindigkeit mit 120 km/h festgelegt. Die Loks sollen nämlich auch im Fahrverschub und vor Übergabezügen eingesetzt werden. Eine Zweifrequenzversion wie bei der 1063 kam nicht zur Ausführung. 1994/95 erfolgte die Lieferung von 20 Exemplaren. Hersteller waren SGP für den mechanischen Teil und die Arbeitsgemeinschaft ABB/ELIN/Siemens für den elektrischen Teil. Nach anfänglichen Schwierigkeiten mit Vibrationen sowie mit den Bremsen gingen die ersten Maschinen im Sommer 1995 in Betrieb. Sie sind in Villach und in Salzburg beheimatet.

Bauart:	Bo'Bo'
Anzahl:	20
Vmax:	120 km/h
Dienstgewicht:	80 t
Stundenleistung:	1.950 kW
Inbetriebsetzung:	1994
Anstrich:	rot/weiß

1064

1975 planten die ÖBB die Errichtung von zwei großen Verschiebebahnhöfen in Wien und Villach. Diese sollten eine Kapazität von 6000 Wagen pro Tag aufweisen. Da für den schweren Rollbergverschub keine geeigneten Lokomotiven vorhanden waren, entschlossen sich die ÖBB zum Bau einer Co'Co'-Lokomotive, die auf der 1063 basierte. Besonderes Merkmal der Loks ist deren Eignung zum vollautomatischen Rollbergbetrieb. Über einen Prozessrechner wird das Fahrzeug während des Rollvorgangs automatisch gesteuert und der Zug mit genau vorgegebener Geschwindigkeit bewegt. Dem Lokführer bleibt nur die Überwachung der Systeme. 1984 erfolgte die Lieferung der Erstserie (1064.001-006) durch SGP. Der Prozessrechner stammt von Siemens, da dieses Unternehmen auch die Rechneranlagen der beiden Verschiebebahnhöfe geliefert hatte. Elektrisch gleichen die Loks weitgehend den fünf Prototypen der Reihe 1063. Nachdem sich die Loks im Verschubbetrieb bewährt hatten, wurden 1989/90 vier weitere Maschinen geliefert. Alle zehn Exemplare sind im Zentralverschiebebahnhof Wien (Kledering) sowie im Großverschiebebahnhof Villach (Fürnitz) im Einsatz.

Bauart:	**Co'Co'**
Anzahl:	**10**
Vmax:	**80 km/h**
Dienstgewicht:	**112 t**
Stundenleistung:	**1.950 kW**
Inbetriebsetzung:	**1984**
Anstrich:	**rot**

1670

Im Jahr 1925 beschafften die BBÖ eine so genannte Talschnellzuglokomotive in vier Exemplaren als Reihe 1570. Diese Loks erwiesen sich jedoch in der Folge als zu schwach. Da sich das Konzept der 1570 aber grundsätzlich bewährte, orderten die BBÖ als Weiterentwicklung eine stärkere Type, die als 1670 bezeichnet wurde. Die Lokomotiven hatten zwei starre Treibradsätze sowie zwei Drehgestelle, bei denen je ein Radsatz angetrieben wurde. Die vier Motoren waren im Maschinenraum vertikal angeordnet und trieben über Kegelräder die Radsätze an. Diese Konstruktion sorgte für eine große Laufruhe. Es wurden 29 Loks bestellt und ab 1928 ausgeliefert. Der elektrische Teil kam von Siemens-Schuckert, der mechanische Aufbau wurde bei Krauss in Linz gefertigt. Die letzten fünf Maschinen kamen aus der Lokomotivfabrik Floridsdorf. Die höhere Masse der neuen Loks führte jedoch bald zu Brüchen bei den Drehgestellen und den Radsternen. Man musste daher viele Teile verstärken, was die Radsatzlast erhöhte. Da weiterhin Bedarf an dieser Type bestand, wurden fünf weitere Loks bestellt und 1932 von Floridsdorf geliefert. Sie gerieten etwas schwerer als die Ursprungsausführung und wurden als 1670.100 bezeichnet. Die DRG übernahm sie als E 22.1 und E 22.2. Vier Maschinen gingen im Krieg verloren, der Rest kam zu den ÖBB und erhielt wieder die alten Bezeichnungen. Die letzten Einsätze fuhren die Loks bis 1983 in Innsbruck und Bludenz. Vier Exemplare werden museal erhalten, und zwar 1670.09 (Linz), 1670.25 (Strasshof) 1670.102 (Ampflwang) und 1670.104 (Bludenz).

Bauart:	**(1A)'Bo(A1)'**
Anzahl:	**29**
Vmax:	**100 km/h**
Dienstgewicht:	**107 t**
Stundenleistung:	**2.350 kW**
Inbetriebsetzung:	**1928**
Ausmusterung:	**1983**
Anstrich:	**grün, rot**

1072

Die Lokalbahn Wien – Preßburg (heute Bratislava) war im Jahr 1914 eine der ersten Vollbahnstrecken mit Wechselstrombetrieb. Letzterer kam auf der Überlandstrecke zur Anwendung, auf den beiden Stadtstrecken wurde mit Gleichstrom gefahren. Für den Reisezugverkehr baute die AEG zunächst sechs Lokomotiven, die sie 1914 lieferte; es folgten 1916 noch zwei weitere. Die Preßburger Bahn bezeichnete sie als Ewp 1-8. Die 1'B1'-Loks besaßen zusätzlich Straßenbahnkupplungen. Eine Blindwelle trieb über Stangen die beiden Treibachsen an. 1921 wurde die Bahn verstaatlicht und die BBÖ übernahmen die Lokomotiven als 1005.001-008. Bei der DRG hießen sie E 72 001-008. Zwei Loks gingen im Krieg verloren, der Rest kam zu den ÖBB als 1072.01÷08. Der ursprüngliche Holzkasten mit Außenverblechung wurde erst ab 1959 durch einen neuen Stahlkasten ersetzt, der das Äußere der Loks stark veränderte. Bei dieser Gelegenheit wurde auch die Vakuumbremse durch eine Druckluftbremse ersetzt, auch trugen die Lokomotiven jetzt nur mehr einen Stromabnehmer. Die letzte Lok schied 1975 aus dem Betriebsdienst. Die 1072.01 ist als Museumslok seit 1987 wieder in Betrieb und befindet sich im Museum Strasshof.

Bauart:	**1'B1'**
Anzahl:	**8**
Vmax:	**60 km/h**
Dienstgewicht:	**56 t**
Stundenleistung:	**600 kW**
Inbetriebsetzung:	**1913**
Ausmusterung:	**1975**
Anstrich:	**grün**

1080

Für den Güterverkehr auf der frisch elektrifizierten Arlbergbahn benötigten die BBÖ eine E-Loktype, die leistungsmäßig der Dampflokreihe 80 entsprechen sollte. Sie sollte im Güterverkehr auf der Arlberg-Ostrampe 340 Tonnen mit 30 km/h ziehen, auf der steileren Westrampe wurden 290 Tonnen mit 30 km/h gefordert. Die Höchstgeschwindigkeit sollte 50 km/h betragen, der Achsdruck durfte 15,4 Tonnen nicht überschreiten. Man entschied sich für eine Starrahmenlok mit drei Motoren in Tatzlagerbauweise. Diese drei Motoren trieben drei Radsätze an, die untereinander sowie mit den beiden Laufradsätzen durch Stangen gekuppelt waren. 1921 wurden in dieser Form 20 Lokomotiven bestellt, sie wurden 1924/25 von der Lokomotivfabrik Krauss in Linz geliefert und als Reihe 1080 bezeichnet. Die elektrische Ausrüstung stammte von Siemens-Schuckert. Das Haupteinsatzgebiet der Reihe 1080 lag zunächst am Arlberg. Die DRG bezeichnete sie als E 88. Bis 1945 wurden zwei Exemplare kassiert, zwei weitere Maschinen gelangten als Reparationen in die UdSSR. Somit gingen 16 Stück in den Bestand der ÖBB über und erhielten 1953 wieder die frühere Bezeichnung 1080. Später wurden sie für den Verschubdienst adaptiert und im Bereich der Direktion Linz eingesetzt. 1993 schied die letzte Lok aus dem Betriebsdienst aus. 1080.01 und 07 befinden sich im Eisenbahnmuseum Strasshof, die 1080.11 ist in Ampflwang erhalten geblieben.

Bauart:	**E**
Anzahl:	**20**
Vmax:	**50 km/h**
Dienstgewicht:	**77 t**
Stundenleistung:	**1.020 kW**
Inbetriebsetzung:	**1924**
Ausmusterung:	**1993**
Anstrich:	**grün**

1180

Als Weiterentwicklung der Reihe 1080 beschafften die BBÖ 1926-1929 zehn weitere Güterzuglokomotiven. Sie hatten gegenüber ihrer Vorgängerin eine um 20 % höhere Leistung und verfügten über eine elektrische Bremse. Auch die Achslast war mit 16,3 Tonnen höher. Die Lokomotiven erhielten zunächst die Reihenbezeichnung 1080.1. Auch diese Serie fertigte Krauss in Linz. Bei der DRG wurde ihr die Baureihenbezeichnung E 88.1 zugewiesen. Alle zehn Lokomotiven überlebten den Krieg und kamen in den Bestand der ÖBB, die sie ab 1953 als Reihe 1180 bezeichneten. Ebenso wie die Reihe 1080 wurden sie später für den Verschubdienst umgebaut, wobei vor allem der Einbau einer Gleichstromschützensteuerung hervorzuheben ist. Hingegen wurde die ursprünglich vorhandene elektrische Bremse ausgebaut. Alle zehn Lokomotiven waren während ihrer gesamten Lebenszeit in Bludenz beheimatet und wurden zuletzt überwiegend im Verschubdienst verwendet. Dort schieden sie auch bis 1993 aus dem Betriebsdienst. In Bludenz wird die 1180.09 als Nostalgielok erhalten, die 1180.04 befindet sich bei der ÖGEG in Ampflwang.

Bauart:	E
Anzahl:	10
Vmax:	50 km/h
Dienstgewicht:	81 t
Stundenleistung:	1.300 kW
Inbetriebsetzung:	1926
Ausmusterung:	1993
Anstrich:	grün

1189

Anlässlich der Elektrifizierung der Arlbergbahn mussten die BBÖ entsprechende Elektrolokomotiven beschaffen. Diese sollten bei 14,5 Tonnen Achsdruck mindestens die gleiche Leistung wie die stärksten Dampflokomotiven aufweisen. Die BBÖ beschafften dazu zunächst die Reihe 1100 (ÖBB 1089) mit der Achsfolge (1C)'(C1)' nach Schweizer Vorbild. Analog zu den Gotthardlokomotiven verfügten sie über lang gestreckte Vorbauten, die als Drehgestelle ausgebildet waren, dazwischen saß mittig das Führerhaus.1926/27 wurde nachfolgend eine leistungsmäßig verstärkte Variante als Reihe 1100.1 in neun Exemplaren geliefert. Den mechanischen Teil fertigte die Lokomotivfabrik Floridsdorf, die elektrischen Einrichtungen kamen von BBC. Ihre langen Vorbauten sicherten den Loks den Spitznamen »Krokodil«. Die DRG reihte sie als E 89.1 in ihren Bestand ein. Ursprünglich waren sie in Innsbruck beheimatet, später auch in Salzburg. Alle neun Lokomotiven kamen als Reihe 1189 in den Bestand der ÖBB, die sie zuletzt vorwiegend von Attnang-Puchheim aus im Güterverkehr auf der Salzkammergutstrecke einsetzten. Bis 1980 verschwanden sie aus dem Betriebsdienst, doch blieben drei Maschinen erhalten, nämlich 1189.05 in Strasshof, sowie die 1189.09 und die weitgehend in den Lieferzustand zurückversetzte 1100.102 in Ampflwang.

Bauart:	**(1C)'(C1)'**
Anzahl:	**9**
Vmax:	**75 km/h**
Dienstgewicht:	**116 t**
Stundenleistung:	**1.900 kW**
Inbetriebsetzung:	**1926**
Ausmusterung:	**1979**
Anstrich:	**grün**

1293

Nach dem Auslaufen der Produktion der Taurus-Lokomotiven bestand bei den ÖBB weiterhin Bedarf an modernen Elektrolokomotiven. Vor allem die Ausweitung der Aktivitäten der Gütertochter Rail Cargo Austria ins benachbarte Ausland führte zu der Entscheidung, eine Mehrsystem-Lokomotive als Reihe 1293 zu beschaffen. Nach einer Ausschreibung gewann Siemens den Rahmenvertrag über bis zu 200 derartige Lokomotiven mit dem Modell Vectron. Diese Lokomotive stellt eine Weiterentwicklung der Eurosprinter-Familie dar und wurde 2010 erstmals präsentiert. Die ÖBB wählten eine Mehrsystemvariante für 15 kV/16,7 Hz und 25 kV/50 Hz Wechselstrom sowie für 1,5 kV und 3 kV Wechselstrom. Zunächst wurden 30 Lokomotiven abgerufen und ab 2018 geliefert. Es folgten weitere Bestellungen und bis Ende 2021 wurden 113 Exemplare abgeliefert. Ab Mitte 2022 sollen nochmals 41 Stück folgen. Die ÖBB-Lokomotiven gliedern sich in zwei Gruppen: 1293.001-085 sind für den Einsatz in Österreich, Deutschland, Italien, Ungarn, Tschechien, Polen, Kroatien, Slowenien und der Slowakei zugelassen, bei den 1293.173-200 entfällt Italien, dafür kommen Rumänien, Bulgarien, Serbien, Belgien und die Niederlande hinzu. Die ÖBB-Reihe 1293 wird derzeit ausschließlich im Güterverkehr eingesetzt und hat daher eine Höchstgeschwindigkeit von 160 km/h. Sie verkehrt in ganz Österreich sowie in den Nachbarländern im Güterverkehr für die Rail Cargo Austria.

Bauart:	**Bo'Bo'**
Anzahl:	**113 (41 weitere bestellt)**
Vmax:	**160 km/h**
Dienstgewicht:	**90 t**
Stundenleistung:	**6.400 kW (Wechselstrom), 6.000 kW (3 kV=), 3.000 kW (1,5 kV=)**
Inbetriebsetzung:	**2019**
Anstrich:	**rot**

1099

Die 760-mm-Schmalspurbahn von St. Pölten nach Mariazell wurde 1907 von den Niederösterreichischen Landesbahnen (NÖLB) erbaut. Bereits 1911 elektrifizierte man die Strecke mit Wechselstrom, um dem steigenden Verkehrsaufkommen Rechnung zu tragen. Als System wählte man 6,5 kV / 25 Hz. Dazu passend wurden 1910-1914 insgesamt 16 Lokomotiven an die NÖLB geliefert und als E.1-16 nummeriert. Federführend waren die Siemens-Schuckert-Werke, die Fertigung der mechanischen Teile wurde an die Lokomotivfabrik Krauss in Linz vergeben, wobei eine davon im Subauftrag von der Waggonfabrik Graz gebaut wurde. Die Lokomotiven erhielten eine Spurkranzschmierung zur Bewältigung der engen Bogenradien. Der Antrieb erfolgte über eine Schlitzkuppelstange auf ein Vorgelege, das über Kuppelstangen die Achsen antreibt. 1921 gelangten sie nach Verstaatlichung der NÖLB an die BBÖ, behielten jedoch ihre Nummern. Bei der DRG hießen die Loks E 99, die ÖBB gaben ihnen die Bezeichnung 1099.01-16. Um 1960 erfolgte eine weitgehende Modernisierung, die vor allem in einem Neubaukasten mit nur mehr einem Stromabnehmer ihren Ausdruck fand. In dieser Form waren die Loks auf der Mariazellerbahn unterwegs, 1099.15 schied 1982 nach einem Unfall aus. Ende 2010 wurden alle verbliebenen 15 Lokomotiven an die NÖVOG, der neuen Betreiberin der Mariazellerbahn, übergeben. Nach der Lieferung der neuen Stadler-Triebwagen wurden die 1099 nach fast 100 Dienstjahren entbehrlich. Drei Maschinen blieben bei der NÖVOG jedoch mit den Nummern E.7, E.10 und E.14 betriebsfähig erhalten und werden regelmäßig im Nostalgieverkehr eingesetzt. Die E.11 wird derzeit wieder betriebsfähig aufgearbeitet.

Bauart:	**C'C'**
Spurweite:	**760 mm**
Anzahl:	**16**
Vmax:	**50 km/h**
Dienstgewicht:	**50 t**
Stundenleistung:	**420 kW**
Inbetriebsetzung:	**1909**
Verkauf:	**1099.001-014,016 an NÖVOG**
Anstrich:	**rot/elfenbein**

ÖBB 2091.11 *in Obergrafendorf am 12. Juni 2021*

2016

Beginnend im Jahr 2002 lieferte Siemens nach einer gewonnenen Ausschreibung insgesamt 100 vierachsige dieselelektrische Streckenlokomotiven an die ÖBB. Die Reihe 2016 erhielt den Namen »Herkules«, bei Siemens wird sie als Eurorunner (ER 20) bezeichnet. Die 2016 hat Endführerstände, der Lokomotivkasten besteht aus einem Gitterfachwerk aus Stahlprofilen. Die Seitenwände aus Aluplatten werden nur aufgeklebt. Die Lokomotiven für die ÖBB verfügen über eine elektrische Zugheizung, die von einem eigenen Aggregat versorgt wird. Weiters besitzt sie eine Wendezug- und Vielfachsteuerung, die auch mit den modernen Elektrolokomotiven der ÖBB kompatibel ist. Ein 2.000 kW starker 16-Zylinder-Dieselmotor von MTU mit angeflanschtem Drehstrom-Asynchrongenerator erzeugt den Strom, mit dem die vier Motoren über einen Ritzelhohlwellenantrieb angetrieben werden. Durch die Lieferung der Reihe 2016 konnten die älteren Streckendieselloks der Reihen 2043 und 2143 nur teilweise ersetzt werden. Heute ist die Reihe 2016 in Graz, Villach, Innsbruck und Wiener Neustadt beheimatet und fährt sowohl Güter- als auch Reisezüge. Seit Dezember 2020 fahren einige 2016 mit Wendezügen auf der slowakischen Strecke Bratislava – Komarno. Siemens fertigte zahlreiche weitere ER 20, die vorwiegend bei deutschen und österreichischen Privatbahnen im Einsatz stehen. Dabei handelt es sich zum Teil um die Variante ER 20 BF ohne Zugheizung, aber mit größerem Treibstofftank. Ende 2021 setzten die ÖBB in Österreich zwei von Rail Cargo Carrier Germany gemietete ER 20 mit der deutschen Baureihenbezeichnung 223 in Villach ein.

Bauart:	**Bo'Bo'-de**
Anzahl:	**100**
Vmax:	**140 km/h**
Dienstgewicht:	**80 t**
Leistung:	**2.000 kW**
Inbetriebsetzung:	**2002**

2043

Zur Ablöse der Dampftraktion auf den nichtelektrifizierten Strecken der ÖBB bauten die Jenbacher Werke ab 1963 die Reihe 2043. Bereits 1961 war ein Prototyp erschienen, der über hydraulischen Einzelachsantrieb verfügte (2043.501). Dann folgten vier Vorserienmaschinen (2043.01-04), die über ein zentrales hydraulisches Getriebe verfügten und kompakt gebaut waren. Erst für die Serie übernahm man die längeren Außenabmessungen der Reihe 2143 (2043.05-77). Der Zweitakt-Dieselmotor der Jenbacher Werke übertrug die Kraft über ein hydraulisches Voith-Getriebe und Gelenkwellen auf die Radsätze. Ab der 2043.39 wurden die Loks mit Kühlern mit begehbarem Dachgitter ausgestattet. Für den Steilrampenbetrieb auf der Erzbergbahn rüstete man vier Lokomotiven zusätzlich mit Magnetschienenbremsen aus und bezeichnete sie als 2043.555-558. Nach der Einstellung der Scheitelstrecke wurden zwei Loks wieder zurückgebaut und umnummeriert (2043.056-057). Die 2043.062 erhielt probeweise ein Caterpillar-Motor. Zahlreiche Lokomotiven wurden bereits ausgemustert, weitere sind abgestellt. Die verbliebenen Maschinen 2043 005, 010, 021 und 062 sind derzeit zwar noch im Bestand der ÖBB, werden jedoch nicht mehr eingesetzt. 2043.024, 027 und 2043.065 wurden an die NÖVOG verkauft und zunächst in der Wachau verwendet. Heute befinden sie sich beim Verein Neue Landesbahn in Mistelbach. Weitere Maschinen werden bei verschiedenen Vereinen aufbewahrt und sind zum Teil auch betriebsfähig.

Bauart:	B'B'-dh
Anzahl:	77
Vmax:	110 km/h
Dienstgewicht:	68 t
Leistung:	1.100 kW
Inbetriebsetzung:	1964
Verkauf:	2043.024, 027, 065 an NÖVOG, 2043.030 und 054 an IPE Locomotori
Anstrich:	rot/grau

2143

Den Auftrag zum Bau von rund 150 Streckendiesellokomotiven teilten die ÖBB zwischen Jenbacher Werken und SGP auf. SGP baute die Reihe 2143, die im Gegensatz zu einer vorhergehenden Prototype (2041) über Endführerstände verfügte. Der wichtigste Unterschied zur 2043 besteht im Motor, der bei der 2143 als Viertakter ausgeführt ist. Ursprünglich wurden die 2143 mit dem Zwölfzylindermotor T12c von SGP geliefert. Später rüstete man die 2143.01-22 auf den sparsameren Achtzylindermotor T108c von SGP um. Äußerlich sind die Unterschiede zur 2043 gering, bei der 2143 hat der seitliche Kühler für das Zugheizaggregat keinen Aufsatz. Zunächst erschienen zwei Vorserienlokomotiven (2143.01-02), die noch eine höhere Masse und eine größere Höchstgeschwindigkeit aufwiesen. Bei den Serienloks 2143.03-77 gibt es äußerlich keine Unterschiede. Die Lokomotiven 2143.34-77 sind mit Vielfachsteuerung ausgestattet. Zahlreiche Lokomotiven wurden bereits ausgemustert. Neben Verkäufen ins Ausland erwarb auch das österreichische EVU RTS einige 2143 und ließ sie neu motorisieren. Weitere 2143 gingen an verschiedene Vereine, wobei einige dieser Lokomotiven aus Rumänien zurückgeholt wurden. Die letzten beiden betriebsfähigen 2143 der ÖBB waren Ende 2021 die 2143.029 und 040. Beide wurden von Wiener Neustadt aus noch sporadisch im Verschub und im Güterverkehr eingesetzt.

Bauart:	**B'B'-dh**
Anzahl:	**77**
Vmax:	**110 km/h**
Dienstgewicht:	**65 t**
Leistung:	**1.100 kW**
Inbetriebsetzung:	**1965**
Verkauf:	**14 Stück an RTS, 4 Stück an Pro-Lok, 2 Stück an Staudenbahn, 29 nach Rumänien, davon einige wieder zurück an Vereine in Österreich**
Anstrich:	**rot/grau**

2045

Als erste Nachkriegsdiesellok beschafften die ÖBB ab 1952 bei SGP in Simmering insgesamt 20 Lokomotiven mit dieselelektrischem Antrieb und Mittelführerstand. Äußerlich erinnert die Form ein wenig an die Lokomotiven der US-Armee im Zweiten Weltkrieg. Es waren dies mit einer Leistung von 1.000 PS die ersten brauchbaren Streckenlokomotiven der ÖBB. Zwei Zwölfzylindermotoren des Typs S12a trieben einen ELIN-Generator an, der den erzeugten Strom an je zwei Fahrmotoren pro Drehgestell lieferte. Alle Lokomotiven verfügten über einen Heizkessel für die Zugheizung. Ursprünglich waren die Lüfterjalousien in den Seitenwänden der Motoraufbauten untergebracht. Aus Lärmschutzgründen wurden diese Jalousien später verschlossen und stattdessen ein lärmmindernder Lüfteraufsatz auf die Motoraufbauten gesetzt. Mittlerweile sind alle Loks aus dem Betriebsstand der ÖBB ausgeschieden, die letzte wurde 1993 ausgemustert. Einige blieben jedoch als Nostalgielokomotiven in Privatbesitz erhalten und befinden sich in verschiedenen Fahrzeugsammlungen.

Bauart:	**Bo'Bo'-de**
Anzahl:	**20**
Vmax:	**90 km/h**
Dienstgewicht:	**69 t**
Leistung:	**736 kW**
Inbetriebsetzung:	**1952**
Ausmusterung:	**1993**
Anstrich:	**rot, grün, braun**

2048

Im Jahr 1991 entstand durch die Einführung des neuen Austro Takts ein Mangel an Diesellokomotiven. Um diesem Umstand kurzfristig und preisgünstig abzuhelfen, entschlossen sich die ÖBB zum Ankauf gebrauchter Lokomotiven der DB-Baureihe 211. Diese war als Entwicklung der Maschinenfabrik Kiel entstanden und in rund 360 Exemplaren an die DB geliefert worden. Über den Lokhändler Layritz erwarben die ÖBB insgesamt 34 DB-211er und bezeichneten sie als Reihe 2048. Allerdings hatten die ÖBB einige Änderungswünsche. Die Dampfheizung war nicht mehr erforderlich und der Maybach-Dieselmotor wurde als wenig wartungsfreundlich und kostspielig angesehen. Gegenüber der Ursprungsausführung wurden daher einige Änderungen vorgenommen. So gelangte ein neuer Caterpillar-Motor (Type 3512) in gedrosselter Ausführung zum Einbau. Weiters wurde die Dampfheizanlage samt Speisewasserbehälter aus- und im hinteren Vorbau stattdessen eine zweite Kompressoranlage eingebaut. Schließlich wurden die Loks mit Webasto-Heizung und Kühlwasser-Vorwärmeinrichtung ausgerüstet. Ursprünglich war eine Lebensdauer von fünf Jahren ins Auge gefasst worden, doch wurden die Loks erst bis 2003 kassiert. Alle Exemplare verkauften die ÖBB noch weiter, sie fanden ihre neue Heimat in Italien, Frankreich und anderen Ländern. Fünf übernahm das private EVU SLB als V83 bis V87 in seinen Bestand, zwei davon gab das Unternehmen inzwischen an die SETG weiter. Die 2048.024 ist bei der StLB in Betrieb.

Bauart:	**B'B'-dh**
Anzahl:	**34 (ÖBB)**
Vmax:	**110 km/h**
Dienstgewicht:	**64 t**
Leistung:	**840 kW**
Inbetriebsetzung:	**1961 (ÖBB: 1991)**
Ausmusterung:	**2003**
Verkauf:	**5 Stück an SLB, 2048.024 an StLB, Rest ins Ausland**
Anstrich:	**rot**

2050

Nach Lieferung der Reihe 2045 benötigten die ÖBB weitere moderne Diesellokomotiven. Die heimische Industrie konnte zunächst kein brauchbares Konzept vorlegen, so dass ausländische Hersteller zu Vorführfahrten eingeladen wurden. Darunter befand sich auch General Motors mit einer typisch amerikanischen Lokomotive mit asymmetrischem Führerhaus und dieselelektrischem Antrieb. Das Fahrzeug überzeugte bei den Vorführfahrten, und die ÖBB bestellten sodann eine »europäisierte« Version mit Endführerständen, die Henschel & Sohn in Kassel als Reihe 2050 in Lizenz fertigte. Als Antrieb diente der weltweit bewährte Zwölfzylinder-Zweitaktdieselmotor 567C von General Motors, der über einen Gleichstromgenerator Strom für die vier Fahrmotoren erzeugte. Die Reihe 2050 besaß Dampfkessel für die Zugheizung, die jedoch später ausgebaut wurden. Lediglich die 2050.002 erhielt versuchsweise ein dieselelektrisches Heizaggregat, das sie nach Abschaffung der Dampfheizung als einzige Maschine für den Reisezugdienst verwendbar machte. Die Loks 2050.011, 012, 015, 016, 017 und 018 wurden mit Vielfachsteuereinrichtungen ausgerüstet. Nach ihrer Ausmusterung blieben einige 2050 bei verschiedenen Vereinen erhalten. Auf Grund ihrer robusten Bauweise werden sie immer wieder nicht nur für Nostalgiefahrten, sondern auch vor Güter- oder Bauzügen im ÖBB-Netz eingesetzt.

Bauart:	Bo'Bo'-de
Anzahl:	18
Vmax:	100 km/h
Dienstgewicht:	75 t
Leistung:	1.050 kW
Inbetriebsetzung:	1958
Ausmusterung:	2004
Anstrich:	rot, grün

2060, X260

Nach dem Zweiten Weltkrieg führten Dampflokomotiven die Züge beim Verschub in den nicht elektrifizierten Abschnitten des ÖBB-Netzes. Ergänzend gab es nur wenige leistungsschwache Kleinlokomotiven, die von der DRG stammten. Daher entschieden sich die ÖBB, für den leichten Verschubdienst ab 1954 insgesamt 100 zweiachsige Dieselloks mit hydraulischem Antrieb zu beschaffen. Die Reihe 2060 lieferten die Jenbacher Werke. Das Unternehmen hatte zuvor schon verschiedenen Typen kleiner dieselmechanischer Werklokomotiven gefertigt. Ein Teil der ÖBB-Lokomotiven (2060.01-73) wurde mit einer Vielfachsteuerung ausgestattet, bei der eine mechanische Kardanwellenverbindung der Fahrschalterwellen zur Anwendung kam. Die letzten 20 Maschinen (2060.81-100) unterscheiden sich von den davor gelieferten Serien vor allem durch den geänderten Kühlergrill. Den Antrieb besorgte ein Vierzylinder-Zweitakt-Dieselmotor der Type JW200, die Kraftübertragung erfolgte über ein Voith-Turbogetriebe. Neben den ÖBB-Lieferungen wurden auch 51 Stück für die Sowjetunion gebaut (Reihe MG 1), 13 weitere Exemplare gingen an Werkbahnen. Heute ist die Reihe 2060 ausgemustert, einige Fahrzeuge wurden jedoch von den ÖBB in Kleinlokomotiven umnummeriert und tragen nunmehr die Bezeichnung X260. Zahlreiche weitere Exemplare gingen an Industriebahnen und an Eisenbahnmuseen. Die StLB erwarb vier Lokomotiven und baute sie in Verschubroboter um.

Bauart:	**B-dh**
Anzahl:	**100**
Vmax:	**60 km/h**
Dienstgewicht:	**27 t**
Leistung:	**150 kW**
Inbetriebsetzung:	**1954**
Verkauf:	**an zahlreiche Industriebahnen, 4 Stück an StLB, eine an Pro-Lok**
Anstrich:	**rot**

2062, X262

Als Weiterentwicklung der Reihe 2060 mit höherer Leistung baute Jenbacher 1957 insgesamt 50 Lokomotiven für die Sowjetunion unter der Reihenbezeichnung MG 2. Es folgte eine Prototype für Italien, ehe 1958 dieses Modell auch für die ÖBB gefertigt wurde und die Reihenbezeichnung 2062 erhielt. Diese besaß die doppelte Leistung der 2060, für die ein Achtzylinder-Dieselmotor der Type JW400 sorgte. Wie schon bei der 2060 tragen die leichtgewichtigen Loks Ballastschilder an der Pufferfront. Ab der 2062.46 erhielten die Maschinen ein Kühlergitter anstelle des verchromten Kühlergrills, auch die Anordnung der Lüfterjalousien wurde verändert. Ferner trug diese letzte Lieferserie bereits werkmäßig ein Dreilicht-Spitzensignal. Neben den erwähnten Lieferungen in die Sowjetunion und nach Italien wurden auch einige Exemplare für Werkbahnen produziert. Alle 2062 der ÖBB sind mittlerweile aus dem Bestand ausgeschieden, einige wurden jedoch als Kleinlok X262 umnummeriert. Andere gingen an Werk- oder Museumsbahnen, wo sie teilweise noch in Betrieb sind.

Bauart:	**B-dh**
Anzahl:	**65**
Vmax:	**60 km/h**
Dienstgewicht:	**32 t**
Leistung:	**300 kW**
Inbetriebsetzung:	**1954**
Verkauf:	**3 Stück an ZRS (Bosnien), einige an Industriebahnen, eine an RTS**
Anstrich:	**rot**

2066

Nach dem Ende des Zweiten Weltkriegs wurden in ostösterreichischen Rüstungsbetrieben einige dreifachgekuppelte Werkbahnlokomotiven von Deutz vorgefunden. Eine davon trug die Inventarnummer HF 25 901 und befand sich in Wiener Neustadt. Erst nach Abschluss des Staatsvertrags stand fest, dass die Sowjetunion diese Lokomotive nicht beanspruchte. Das Wrack wurde daher 1955 von den ÖBB in der Hauptwerkstätte St. Pölten wieder instandgesetzt, wobei einige Umbauten erfolgten. So kam ein Tauschmotor der Reihe 5041 mit einem Tauschgenerator der Reihe 5042 samt dazu passendem Fahrmotor zum Einbau. Im Juli 1955 wurde das Fahrzeug fertig gestellt und erhielt die Bezeichnung 2066.01. Sein Einsatzgebiet war der Verschub in der Hauptwerkstätte Floridsdorf, von November 1955 bis Februar 1974 wurde die Lokomotive auch als Werklok 050 bezeichnet. 1971 baute man noch eine Kühlwasser-Warmhaltevorrichtung ein und installierte eine Zugbremse. Zuletzt war sie im Werksverschub im ÖBB-Werk Jedlersdorf beschäftigt. 1994 erfolgte die Ausmusterung, die Lokomotive ist nunmehr in Mistelbach zu Hause.

Bauart:	**C-de**
Anzahl:	**1**
Vmax:	**40 km/h**
Dienstgewicht:	**37 t**
Leistung:	**147 kW**
Inbetriebsetzung:	**1939**
Ausmusterung:	**1994**
Anstrich:	**rot/weiß**

2067

Für die endgültige Ablöse des Dampfbetriebs im Verschubdienst erwiesen sich die zweiachsigen Loks der Reihen 2060 und 2062 als zu schwach. SGP Floridsdorf baute daher 1959 auf eigene Rechnung eine dreiachsige dieselhydraulische Verschublokomotive mit einer Leistung von 600 PS und Stangenantrieb. In der Folge erwarben die ÖBB die Lokomotive und bestellten eine Serie. Diese neue Baureihe 2067 bewährte sich außerordentlich und wurde bis 1977 in insgesamt 111 Exemplaren beschafft. Zwei Lieferserien (2067.042-049 und 2067.101-111) sind mit Vielfachsteuerung ausgestattet. Ab der 2067.032 besitzen die Loks eine geänderte Türanordnung an den Vorbauten, um die Zugänglichkeit zu verbessern. Als Antrieb diente der Zwölfzylinder-Dieselmotor S12a von SGP, der später zum S12na mit vier Ventilen je Zylinder weiterentwickelt wurde. Die Kraftübertragung erfolgte über ein Voith-Turbogetriebe auf eine Blindwelle, die drei Treibachsen über Stangen antrieb. Einige Lokomotiven wurden später auf einen Caterpillarmotor umgerüstet, und zwar 2067.002, 017, 021, 023, 028, 032-033, 037, 039, 047, 056 und 076. Weitere Exemplare derselben Type wurden auch an Werkbahnen geliefert. Eine der an Vöest in Linz gelieferten Loks erwarben später die ÖBB und setzten sie nach ihrer Aufarbeitung als 2067.201 in der Hauptwerkstätte Floridsdorf als Verschublok ein. Die 2067.093 wurde 1997 mit einer Funkfernsteuerung versehen und in 2167.093 umgezeichnet. Heute ist die Reihe 2067 bereits stark dezimiert, die verbliebenen Exemplare sind mangels PZB nur mehr in untergeordneten Diensten anzutreffen. Sechs Stück wurden an RTS verkauft, wo sie im Bauzugdienst verwendet werden. Weitere Exemplare übernahmen verschiedene Vereine.

Bauart:	C-dh
Anzahl:	110
Vmax:	65 km/h
Dienstgewicht:	48 t
Leistung:	450 kW
Inbetriebsetzung:	1959
Verkauf:	6 Stück an RTS
Anstrich:	rot

2068

Als Ersatz sowohl für die schwachen Verschubloks der Reihen 2060 und 2062, als auch für im Verschub verwendete Altbau-Elektrolokomotiven gab es bei den ÖBB ab 1984 Projektstudien für eine neue Diesel-Verschublokomotive. Da man mit ihr auch Überstellfahrten mit 100 km/h durchführen wollte, kam eine dreiachsige Stangenlokomotive wie die Reihe 2067 nicht mehr in Frage. Man entschloss sich daher zur Ausschreibung einer vierachsigen Drehgestelllokomotive mit dieselhydraulischem Antrieb. Den Zuschlag erhielten die Jenbacher Werke. In der Folge wurden ab 1989 insgesamt 60 neue Diesel-Verschubloks mit Mittelführerhaus als Reihe 2068 geliefert. Der bei SGP entwickelte Achtzylindermotor T108c sorgte für die gewünschte Leistung. Da SGP zwischenzeitlich den Motorenbau einstellte, wurde er von Jenbacher als JW 608 DS weitergebaut. Zunächst erschienen fünf Vorserienmaschinen (2068.001-005), ab 1992 erfolgte die Serienlieferung (2068.006-060). Die Serienmaschinen weisen einen geänderten Rahmen auf, an den Stirnfronten befinden sich Prallplatten aus Gummi, und auch bei den Hilfsaggregaten gibt es einige Unterschiede. Die Loks sind mit einer Vielfachsteuereinrichtung versehen, außerdem sind sie für den Einbau einer externen Funkfernsteuerung sowie einer Fern-steuereinrichtung für die EK-Sicherung vorbereitet. Besonderes Augenmerk legten die Konstrukteure auf die Schallisolierung, so dass diese neue Bauart zu den leisesten Lokomotiven des ÖBB-Fahrzeugparks zählt und dadurch Anrainerproteste im Verschubbetrieb vermindert werden konnten. 2068.001-007 erhielten einen Explosionsschutz. Zwei Exemplare wurden mittlerweile nach Ungarn verkauft. Die übrigen Exemplare sind heute in Bludenz, Innsbruck, Knittelfeld, Graz und Villach beheimatet; einige sind an Rail Cargo Carrier in Ungarn vermietet.

Bauart:	**B'B'-dh**
Anzahl:	**60**
Vmax:	**100 km/h**
Dienstgewicht:	**76 t**
Leistung:	**820 kW**
Inbetriebsetzung:	**1989**
Verkauf:	**2 Stück an Rail Cargo Carrier in Ungarn**
Anstrich:	**rot/grau**

2070

Nach einer Ausschreibung gewann Siemens im Jahr 1999 den Auftrag für 60 dieselhydraulische Verschubloks. Da sich Siemens jedoch aus diesem Marktsegment zurückzog, wurde der Auftrag an Vossloh weitergereicht. Ende 2000 begann schließlich die die Lieferung der 60 Lokomotiven (Werkbezeichnung G800 BB) an die ÖBB. Die Lokomotiven haben einen Mittelführerstand und sind innerhalb der Vossloh-Produktfamilie modular aufgebaut. Als Antrieb dient ein Zwölfzylinder-CAT-Dieselmotor, der die Kraft über ein Voith-Turbowendegetriebe mittels Gelenkwellen auf die Achsgetriebe überträgt. Obwohl sich die Lokomotiven als untermotorisiert erwiesen und die Vossloh G1206 wohl besser geeignet gewesen wäre, bestellten die ÖBB nochmals 30 Stück, die bis 2004 geliefert wurden. Die 2070.029 wurde bei einem Unfall schwer beschädigt und mit einem neuen Rahmen wieder aufgebaut. 2070.086 bis 090 sind mit einem Explosionsschutz für den Einsatz in der Raffinerie Schwechat ausgestattet. 2070.001 bis 2070.010 erhielten eine Ampelsteuerung über SBL-Funk für den Bereich Linz Stadthafen und die 2070.084 und 085 wurden mit einer VETAG-Anlage zum Ampelsteuerung beim Einsatz auf der Badner Bahn ausgerüstet. Die Lokomotiven verfügen über eine Vielfachsteuerung und kommen sowohl im leichten Ortsverschub als auch im Fahrverschub zum Einsatz. Derzeit sind sie in Wien, St. Pölten, Linz, Salzburg und Innsbruck beheimatet.

Bauart:	**B'B'-dh**
Anzahl:	**90**
Vmax:	**100 km/h**
Dienstgewicht:	**72 t**
Leistung:	**738 kW**
Inbetriebsetzung:	**2000**
Anstrich:	**rot**

2080, 2180, X491

Zur Ablöse der bis dahin verwendeten Henschel-Dampfschneeschleudern beschafften die ÖBB 1975 eine moderne Doppelradschleuder nach System Beilhack. Dieses Fahrzeug (2080.01) ist selbstfahrend und kann zum Wechsel der Arbeitsrichtung mit eigener Kraft auf dem Untergestell um 180 Grad gedreht werden. Die beiden Schleuderräder werden durch sogenannte Vorschneideflügel ergänzt, um Schneehöhen bis zu 3,5 m beseitigen zu können. Sämtliche Bewegungsvorgänge werden hydraulisch gesteuert. Als Fahrantrieb dient ein Zwölfzylinder KHD-Dieselmotor mit 261 kW (2080) bzw. 301 kW (2180) zusammen mit einem Voith-Turbogetriebe. Dazu kommen zwei Schleudermotoren derselben Type, jedoch mit 313 kW (2080) bzw. 335 kW (2180) Leistung. Theoretisch kann der Schleuderanbau abgenommen werden. Der Anbau einer provisorischen Pufferbrust ermöglicht im Sommer den Einsatz des Fahrzeugs vor Arbeitszügen, was bei den ÖBB in der Praxis kaum vorkommt. 1981 wurde von den ÖBB ein weiteres Fahrzeug (2180.01) in Dienst gestellt, das sich durch die etwas höhere Antriebsleistung von der Erstlieferung unterscheidet. Außerdem entfiel die Möglichkeit zur Abnahme des Schleuderanbaus.

Die beiden Fahrzeuge wurden später von den ÖBB ins Schema der Hilfsfahrzeuge eingereiht und als Reihe X491 bezeichnet. Sie befinden sich in Innsbruck und Villach.

Bauart:	**B-dh**
Anzahl:	**2**
Vmax:	**80 km/h**
Dienstgewicht:	**43 t**
Leistung:	**261/301 kW**
Inbetriebsetzung:	**1975**
Anstrich:	**rot**

2090

1927 baute Warchalowski für die schmalspurige Zillertalbahn eine zweiachsige Diesellok mit benzinelektrischem Antrieb. Ihr Einsatz sollte die Wartezeit bis zur Lieferung eines Triebwagens überbrücken. Das Mietfahrzeug diente im Sommer dem Personenverkehr und übernahm im Winter Verschubaufgaben. 1930 endete das Mietverhältnis, und die Lok wurde von den BBÖ als 2021.01/s angekauft. Von Anfang an war sie auf der Ybbstalbahn stationiert. Bei der Lieferung hatte das Fahrzeug einen Benzinmotor von Warchalowski mit 88 kW Leistung. Dieser trieb einen Nebenschlussgenerator von BBC an, der wiederum zwei Elin-Fahrmotoren mit Strom versorgte. Von der DRG erhielt sie die Bezeichnung V 12 901, 1942 wurde sie auf Treibgas umgebaut und erhielt einen Holzkohlengas-Erzeugungstender. Ab 1946 wurde sie auf Dieselbetrieb umgebaut und bekam einen Sechszylinder-Sauermotor mit 74 kW Leistung. Bei den ÖBB wurde sie ab 1953 als 2090.01 bezeichnet. Bis zuletzt stand sie – äußerlich weitgehend unverändert – in Waidhofen an der Ybbs im Dienst und wurde gelegentlich im Verschub eingesetzt. Seit ihrer Ausmusterung im Jahr 2000 wird sie in Obergrafendorf museal erhalten.

Bauart:	**Bo-de**
Spurweite:	**760 mm**
Anzahl:	**1**
Vmax:	**40 km/h**
Dienstgewicht:	**12 t**
Leistung:	**72 kW**
Inbetriebsetzung:	**1930**
Ausmusterung:	**2000**
Anstrich:	**grün**

2190

In den Jahren 1934 bis 1936 erhielten die BBÖ für die Schmalspurbahn Ruprechtshofen – Gresten drei Diesellokomotiven der Reihe 2040/s mit dieselelektrischem Antrieb nach System Gebus. Sie wurden in der Maschinenfabrik Simmering gebaut. Als Antrieb diente ein Achtzylinder-Viertakt-Dieselmotor mit 107 kW Leistung, der über eine elastische Kupplung einen Generator antrieb. Der auf diese Weise erzeugte Strom versorgte die beiden Fahrmotoren mit der nötigen Energie. Die Fahrzeuge wurden von der DRG als V 15 901-903 übernommen. Nach dem Zweiten Weltkrieg wurden zwei Maschinen nach Gmünd umstationiert, während die dritte für den schmalspurigen Verschub in der Hauptwerkstätte St. Pölten eingeteilt wurde. Die Loks erhielten 1953 die Bezeichnung 2190.01-03, die 2190.03 wurde vorübergehend auch als Werklok 053/s geführt. Sie erhielt als einzige im Jahr 1992 einen Dieselmotor vom Typ SGP R8, für den im Gegensatz zum Originalmotor noch ausreichende Ersatzteilbestände vorhanden waren. Mittlerweile sind alle drei Loks ausgemustert. 2190.01 und 2190.02 erwarb 1987 der Verein ÖGLB, der die 2190.02 später an den Waldviertler Schmalspurbahnverein abgab. Sie befindet sich heute in Heidenreichstein. Die 2190.03 wird derzeit beim Club Mh.6 in Obergrafendorf betriebsfähig aufgearbeitet.

Bauart:	**Bo-de**
Spurweite:	**760 mm**
Anzahl:	**3**
Vmax:	**45 km/h**
Dienstgewicht:	**12 t**
Leistung:	**107 kW**
Inbetriebsetzung:	**1934**
Ausmusterung:	**2000**
Anstrich:	**rot**

2091

Im Jahr 1936 beschafften die BBÖ sieben Schmalspurdieselloks mit Gepäckabteil als Reihe 2041. Von diesen Mittelführerstandloks wurden im Jahr 1939 unter der DRG weitere fünf Exemplare geliefert, alle zwölf Stück liefen als DRG 137 332-343. Hersteller war die Maschinenfabrik Simmering. Zum Einbau gelangte ein Achtzylinder-Viertakt-Dieselmotor vom Typ R8, wie er sich bereits in den Triebwagen der Reihe VT 42 (5042) bewährt hatte. 1940 wurden sieben Lokomotiven auf Holzgasbetrieb umgebaut; die Gaserzeugungsanlage fand im Gepäckraumvorbau Platz. Nach dem Krieg erfolgte der Rückbau auf Dieselbetrieb. Die Fahrzeuge gelangten vollzählig in den Bestand der ÖBB und wurden ab 1953 als Reihe 2091 bezeichnet. Im Lauf der Jahre wurden die Loks modernisiert, wobei die Dampfheizung ausgebaut wurde. Dafür kamen eine verbesserte Führerstandsisolierung sowie eine Warmhalteautomatik für das Kühlwasser hinzu. Dem weitestgehenden Umbau wurde die 2091.009 unterzogen. Bei ihr wurde 1980 der gepäckraumseitige Vorbau mit dem Wassertank entfernt und durch eine niedrigere Haube ersetzt. Unter dieser befinden sich nunmehr Aggregate, die zuvor unterflur eingebaut waren und nunmehr besser zugänglich sind. 2010 gingen die 2091.007 und 009 im Zuge der Privatisierung der ÖBB-Schmalspurbahnen an die NÖVOG. Die Reihe 2091 ist auch bei der NÖVOG bereits ausgemustert, mehrere Lokomotiven sind aber als Nostalgiefahrzeuge erhalten geblieben. Zwei wurden nach Deutschland an die Döllnitzbahn in Sachsen verkauft.

Bauart:	1'Bo1'-de
Spurweite:	760 mm
Anzahl:	12
Vmax:	50 km/h
Dienstgewicht:	23 t
Leistung:	155 kW
Inbetriebsetzung:	1936
Ausmusterung:	1998
Verkauf:	2091.007 und 009 an NÖVOG, 2091.010 und 012 an Döllnitzbahn
Anstrich:	rot

2092

Nach dem Zweiten Weltkrieg wurden in Österreich in Mittersill und im Steyrtal elf reparaturfähige Motorlokomotiven der Heeresfeldbahntype HF 130 C mit der Spurweite 750 mm aufgefunden. Diese Lokomotiven waren als KML 3 (Kriegsmotorlok 3) in großen Stückzahlen gebaut worden. Nach Freigabe durch die amerikanischen Besatzungstruppen übernahmen die ÖBB vier derartige Maschinen in ihren Bestand. Nach Umspurung auf 760 mm gingen sie 1950 als 2092.01-02 (Hersteller Gmeinder) und 2092.101-102 (Hersteller Windhoff) in Betrieb. Die beiden Gmeinder-Loks hatten einen Deutz-Sechszylinder-Dieselmotor mit 96 kW und ein Voith-Turbogetriebe, die Windhoff-Loks waren mit einem Kämper-Sechszylinder-Dieselmotor mit 92 kW und einem Trilokgetriebe ausgestattet. 1960 (2092.102) und 1962 (2092.101) erhielten auch die beiden Windhoff-Loks ein Voith-Turbogetriebe und wurden in 2092.03-04 umnummeriert. Später erhielten sie außerdem einen Deutz-Motor. In der Folge bekamen alle vier Lokomotiven neue geräumigere Führerhäuser, die ihr Aussehen gegenüber dem Lieferzustand stark veränderten. Nach ihrer Kassierung blieben alle vier Exemplare erhalten. Die 2092.002 befindet sich heute in betriebsfähigem Zustand als Vs51 bei der Pinzgauer Lokalbahn.

Bauart:	**C-dh**
Spurweite:	**760 mm**
Anzahl:	**4**
Vmax:	**25 km/h**
Dienstgewicht:	**17 t**
Leistung:	**100 kW**
Inbetriebsetzung:	**1943**
Ausmusterung:	**2008**
Verkauf:	**2092.002 an SLB**
Anstrich:	**rot**

2093

Bereits 1927 entstand die erste österreichische Schmalspurdiesellokomotive, die von der Grazer Maschinenfabrik gebaut wurde. 1930 wurde die Lok von den BBÖ übernommen und als 2070.01/s auf der Ybbstalbahn in Betrieb genommen. Zunächst hatte sie einen in Graz hergestellten Dieselmotor mit 147 kW und einen Siemens-Generator. Die beiden Aggregate harmonierten jedoch nicht und es gab immer wieder Störungen. Die 2070.01/s kam 1938 als V 20 901 zur DRG. 1940 wurde das Fahrzeug auf Treibgasbetrieb umgebaut, 1946 erfolgte der Rückbau auf Dieselbetrieb. Nach dem Krieg wurde die Antriebsanlage modernisiert, das Fahrzeug erhielt im Jahr 1948 den bewährten SGP-Dieselmotor vom Typ R8, gleichzeitig gelangte auch ein anderer Generator zum Einbau. Ferner wurde die elektrische Steuerung erneuert und ein Dampfheizkessel für die Wagenheizung eingebaut. 1953 erhielt die Lokomotive von den ÖBB die Bezeichnung 2093.01. Außen blieb die Maschine weitgehend unverändert, 1961 wurden lediglich die Stirntüren verschlossen. Im selben Jahr wurde sie vom Ybbstal nach St. Pölten umstationiert und vorwiegend im Bahnhofsverschub verwendet. 1991 schied die Lokomotive aus dem Betriebsbestand. Sie wurde von der ÖGLB übernommen und mustergültig restauriert. Heute steht sie auf der Museumsbahn Lunz – Kienberg-Gaming im Einsatz.

Bauart:	**B'B'-de**
Spurweite:	**760 mm**
Anzahl:	**1**
Vmax:	**35 km/h**
Dienstgewicht:	**34 t**
Leistung:	**154 kW**
Inbetriebsetzung:	**1930**
Ausmusterung:	**1991**
Anstrich:	**grün, rot**

2095

Nach dem Zweiten Weltkrieg standen auf den ÖBB-Schmalspurbahnen nur leistungsschwache Diesellokomotiven zur Verfügung, schwere Züge mussten mit Dampflokomotiven bespannt werden. Daher sollten moderne Fahrzeuge zur Ablöse des Dampfbetriebs beschafft werden. So erhielt SGP den Auftrag, drei Schmalspurdiesellokomotiven als Prototypen zu bauen. Im Jahr 1958 wurde die 2095.01 vorgestellt und als vierachsige Drehgestelllokomotive in Betrieb genommen. 1960 folgten zwei weitere Exemplare (2095.02-03). Sie erhielten alle einen SGP-Zwölfzylinder-Dieselmotor des Typs S 12 a und ein Voith-Turbogetriebe, das die beiden Drehgestelle über ein Differential antrieb. Die beiden Achsen eines Drehgestells waren durch Stangen gekoppelt. Die ersten drei Lokomotiven besaßen noch einen Dampfheizkessel für die Beheizung der Reisezugwagen. In der Folge wurden zwölf weitere Lokomotiven geliefert, die jedoch keinen Heizkessel mehr erhielten (2095.04-15). Bei dieser Serie unterscheidet sich auch die Anordnung der Maschinenraumfenster und der Lüftergitter von den Vorserienmaschinen. 1968 wurden die Heizkessel bei 2095.01-03 entfernt, gleichzeitig konnte der Kraftstoffbehälter vergrößert und an die Serie angeglichen werden. Die äußeren Unterschiede bestehen jedoch weiter. Nachträglich wurde auch in alle Lokomotiven eine Spurkranzschmierung eingebaut. Seit 2008 befinden sich 2095.001, 004 und 006 als Vs 71 bis 73 bei der Pinzgauer Lokalbahn. 2095.002 und 003 wurden nach einer Kollision ausgemustert, die restlichen Lokomotiven gelangten Ende 2010 zur NÖVOG. 2095.008 wurde 2014 an die Pinzgauer Lokalbahn als Vs 74 weiterverkauft. Die 2095.013 ist an die Bregenzerwald-Museumsbahn abgegeben worden. Heute sind bei der NÖVOG noch fünf Lokomotiven in Betrieb.

Bauart:	**B'B'-dh**
Spurweite:	**760 mm**
Anzahl:	**15**
Vmax:	**60 km/h**
Dienstgewicht:	**30 t**
Leistung:	**440 kW**
Inbetriebsetzung:	**1958**
Ausmusterung:	**2010**
Verkauf:	**3 Stück an SLB, 10 Stück an NÖVOG**
Anstrich:	**rot/grau**

2096

Im Jahr 2004 erwarb die Zillertalbahn von der Lokomotivfabrik Gmeinder zwei Streckendiesellokomotiven vom Typ D 75 BB-SE mit hydraulischem Antrieb als D13 und D14. Die Motorleistung wird über ein hydraulisches Voith-Turbowendegetriebe mit zwei Geschwindigkeitsbereichen (für Güter- bzw. Personenverkehr) auf die Antriebsachsen übertragen. Für den Personenverkehr ist eine Einrichtung zur Versorgung mit Heizstrom installiert. Die Lokomotiven verfügen über eine Wendezugsteuerung. Die beiden Loks bewährten sich gut, so dass 2007 zwei weitere Lokomotiven (D15 und D16) ins Zillertal folgten. Dieser Bestellung schlossen sich auch die ÖBB an und bestellten eine Lokomotive als 2096.001 für die Pinzgauer Lokalbahn. Diese wurde allerdings von den ÖBB wegen Zulassungsproblemen nicht in Betrieb genommen. Erst nach der Privatisierung der Pinzgauer Lokalbahn im Juli 2008 wurde die Maschine vom neuen Eigentümer als Vs 81 in Betrieb genommen. In der Folge beschaffte die Salzburg AG als Betreiber der Pinzgauer Lokalbahn zwei weitere derartige Lokomotiven als Vs 82 und 83. 2017 kam dann die D13 der Zillertalbahn leihweise in den Pinzgau, 2018 wurde sie angekauft und an die Normalien der Pinzgauer Lokalbahn angeglichen. Sie trägt die Bezeichnung Vs 84.

Bauart:	B'B'-dh
Spurweite:	760 mm
Anzahl:	7 (ÖBB: 1)
Vmax:	80 km/h
Dienstgewicht:	50 t
Leistung:	736 kW
Inbetriebsetzung:	2008
Verkauf:	2096.001 an Salzburg AG (Pinzgauer Lokalbahn)
Anstrich:	rot/weiß

ÖBB 4746 018 + 092 *auf der Südbahn bei Baden am 10. April 2021*

4010

Für den damaligen Paradezug der ÖBB, den »Transalpin«, verwendeten die ÖBB zunächst modifizierte Nahverkehrstriebwagen der Reihe 4130. Wegen der unbefriedigenden Qualität und Kapazitätsproblemen entschloss man sich 1962 zur Beschaffung von drei sechsteiligen Triebwagengarnituren. Auf Grund der geforderten hohen Leistung wurde der Triebkopf als Lokomotive ausgebildet, im Erscheinungsbild jedoch der Wagengarnitur angepasst. Den Fahrzeugteil lieferte SGP, die elektrischen Komponenten kamen von BBC, Elin und Siemens. Es folgten bald 14 weitere Garnituren für den Inlandsverkehr, die zunächst nur fünfteilig waren und erst später ergänzt wurden. Bis 1978 erhöhte sich der Bestand auf 29 Garnituren. Diese bestanden aus einem Triebkopf (4010.001-029), drei Zwischenwagen (7010.101-129, 7110.101-129, 7110.201-229), einem Speisewagen (7310.106-117) bzw. Halbspeisewagen (7310.001-005, 7110.301-312) und einem Steuerwagen (6010.001-029). Erstmals gab es eine thyristorgesteuerte E-Bremse, auch die Einholmstromabnehmer (aus Platzgründen) waren eine Neuheit für Österreich. Ein Teil der Garnituren wurde später klimatisiert und mit automatischen Türen nachgerüstet. Mitte der neunziger Jahre begann der Rückzug aus dem hochwertigen Reisezugdienst, in der Folge wurden nur mehr innerösterreichische Querverbindungen wie Graz – Linz und Graz – Salzburg gefahren. Einige 4010 kamen auch zwischen Wien und Gmünd zum Einsatz. Ende 2008 wurden die letzten Garnituren kassiert. Die Einheit 4010.009 soll in Ampflwang betriebsfähig aufgearbeitet werden, der Triebkopf 4010.022 wird zusammen mit einem Steuerwagen im Museum Strasshof aufbewahrt.

Bauart:	**Bo'Bo' (Triebkopf)**
Anzahl:	**29**
Vmax:	**150 km/h**
Dienstgewicht:	**72 t**
Stundenleistung:	**2.500 kW**
Inbetriebsetzung:	**1965**
Ausmusterung:	**2008**
Verkauf:	**einige Garnituren an Locomore, Triebköpfe verschrottet**
Anstrich:	**blau/elfenbein, rot/grau**

4011

Ab dem Jahr 1996 erhielt die Deutsche Bahn eine Serie von insgesamt 60 Triebwagen der Baureihe 411. Es handelt sich dabei um elektrische Triebzüge mit Neigetechnik, die aus sieben betrieblich nicht trennbaren Einzelwagen bestehen. Die neuen Fahrzeuge sollten auch im Verkehr zwischen Frankfurt und Wien eingesetzt werden, der als Gemeinschaftsverkehr zwischen DB und ÖBB gefahren wird. Da die ÖBB dafür über keine geeigneten Fahrzeuge verfügten und zudem einheitliches Rollmaterial zum Einsatz kommen sollte, erwarben die ÖBB im Jahr 2006 die Garnituren 1115 und 1116 von der DB und reihten sie als 4011.091-092 in ihren Bestand ein. 2007 folgte dann noch die Garnitur 1114 als 4011.090. Für den Einsatz in Österreich mussten die Treibzüge adaptiert werden, um die strengeren Störstromgrenzen einhalten zu können. Die ÖBB Reihe 4011 wurde weiterhin von der DB in München gewartet, da es in Österreich dafür keine geeigneten Werkstätten gab. Ende 2020 wurde der Vertrag über die ICE-Einsätze nach Österreich geändert, in der Folge wurden die drei 4011 an die DB zurückgegeben. An den Einsätzen über Passau nach Wien hat sich jedoch nichts geändert.

Bauart:	**2'2'+(1A)'(A1)'+(1A)'(A1)'+2'2'+(1A)'(A1)'+(1A)'(A1)'+2'2'**
Anzahl:	**3 (ÖBB)**
Vmax:	**230 km/h**
Dienstgewicht:	**402 t**
Stundenleistung:	**4.000 kW**
Inbetriebsetzung:	**1996**
Ausmusterung:	**2020 (zurück an DB)**
Anstrich:	**weiß**

4020

Für den Verkehr auf der S-Bahn Wien waren ursprünglich dreiteilige Elektrotriebwagen-Garnituren der Reihe 4030 beschafft worden. Wegen der auf 100 km/h beschränkten Höchstgeschwindigkeit begannen die ÖBB 1970 mit Überlegungen zu einer Nachfolgetype, die mit 120 km/h auch auf Hauptstrecken außerhalb des S-Bahnnetzes verkehren konnten. In der Folge wurden für den Nahverkehr in Ballungsgebieten, nicht nur im Raum Wien, zwischen 1979 und 1982 in mehreren Serien insgesamt 120 dreiteilige Triebwagengarnituren beschafft. Sie bestehen aus je einem Triebwagen (4020), einem Mittelwagen (7020) und einem Steuerwagen (6020). Die mechanischen Teile kamen von SGP in Graz, die elektrischen Elemente lieferten Siemens, Elin und BBC. Die Fahrzeuge hatten Thyristorsteuerung und verfügten über eine elektrische Bremse. Abweichend von der Serie trug 4020.019 eine Zeitlang eckige Scheinwerfer. 4020.101-120 besaßen ein Mehrzweckabteil für den Fahrradtransport. Anlässlich von Hauptausbesserungen erhielten die Fahrzeuge Matrix-Anzeigen an den Stirnwänden und eine automatische Türsteuerung für den Einmannbetrieb. Außerdem wurde der zweite Stromabnehmer entfernt. Ende 2002 begann der Einbau einer Notbremsüberbrückung für den Einsatz auf Tunnelstrecken. Um die umgebauten Fahrzeuge besser unterscheiden zu können, wurden sie in 4020.201-320 umnummeriert. Der Umbau wurde 2007 abgeschlossen. 2017 begannen die ersten Kassierungen, heute ist noch knapp die Hälfte der Flotte im Bestand der ÖBB.

Bauart:	**Bo'Bo' (Triebkopf)**
Anzahl:	**120**
Vmax:	**120 km/h**
Dienstgewicht:	**62,4 t**
Stundenleistung:	**1.200 kW**
Inbetriebsetzung:	**1978**
Verkauf:	**12 Garnituren nach Rumänien, dort abgestellt oder verschrottet**
Anstrich:	**blau/weiß, rot/grau**

4023

Die große noch vorhandene Flotte an Reisezugswaggons verschiedenster Altbaureihen und die Tatsache, dass noch immer Triebwagen der Reihe 4030 aus den fünfziger Jahren eingesetzt wurden, veranlasste die ÖBB, barrierefrei zugängliche Neubaufahrzeuge auszuschreiben. Diese waren sowohl für die neue S-Bahn in Salzburg als auch für das bislang umfangreichste S-Bahn-Netz in Wien sowie für den Nah- und Regionalverkehr vorgesehen. Damit war der Beschaffungsprozess einer neuen Generation von 140 km/h schnellen, elektrisch betriebenen Nahverkehrsfahrzeugen, die im gesamten Bundesgebiet und auf der Wiener Schnellbahn eingesetzt werden sollten, gestartet. Nach einem intensiven Ausschreibungsverfahren ging Bombardier mit dem TALENT als Bestbieter hervor. Beschafft werden sollten zunächst elf dreiteilige Fahrzeuge der Reihe 4023 für die S-Bahn Salzburg. Im Jahr 2004 übernahmen die ÖBB von Bombardier diese als Reihe 4023. Die Wagenübergänge ruhen auf Jacobs-Drehgestellen. Lediglich im Bereich der Einstiege ist das Fahrzeug niederflurig ausgeführt. Für Fahrgastraum und Führerstände gibt es getrennt regelbare Klimaanlagen, im Fahrgastraum befindet sich ein Mehrzweckabteil für Fahrräder und Kinderwagen. Da es in der Talent-Familie auch Fahrzeuge mit Neigetechnik gibt, sind die Seitenwände leicht nach innen geneigt. Die ÖBB-Fahrzeuge sind jedoch ohne Neigetechnik ausgeführt. Die Reihe 4023 war unter finanzieller Beteiligung des Landes Salzburg beschafft worden und wurde daher zunächst ausschließlich auf der S-Bahn Salzburg eingesetzt. Dabei gelangen sie über Freilassing bis nach Deutschland. Heute finden sich einige Fahrzeuge auch auf anderen ÖBB-Strecken, da sie in Salzburg aus Kapazitätsgründen teilweise durch die Reihe 4024 ersetzt wurden. Der 4023.005 wurde 2014 mit Teilen des verunfallten 4024.129 zu einem neuen 4024 erweitert, so dass heute nur noch zehn 4023 in Betrieb sind.

Bauart:	**B'2'2'B'**
Anzahl:	**11**
Vmax:	**140 km/h**
Dienstgewicht:	**96 t**
Stundenleistung:	**1.440 kW**
Inbetriebsetzung:	**2004**
Anstrich:	**rot/grau**

4024, 4124

Neben der dreiteiligen Variante 4023 bestellten die ÖBB bei Bombardier auch eine vierteilige Variante, die in mehreren Tranchen geliefert wurde. Heute sind insgesamt 140 Triebwagen dieses Typs bei den ÖBB im Einsatz. Sämtliche Fahrzeuge wurden in Aachen gebaut, nach Österreich überführt und bei den ÖBB in Floridsdorf komplettiert und in Betrieb gesetzt. Als Partner für den elektrischen Teil zeichnete Elin verantwortlich. Da es sich bei den ÖBB-Fahrzeugen um die ersten Elektrotriebwagen der TALENT-Fahrzeugfamilie handelte, mussten in ihrer Entwicklung neue Wege beschritten werden. Sie verfügen über einen zeitgemäßen Drehstromantrieb und Klimatisierung. Nach den ersten Betriebseinsätzen der Reihe 4023 bei der S-Bahn Salzburg mussten zahlreiche Mängel behoben werden. Unter anderem war der Einbau einer am Fahrzeug gebundenen Rollstuhlrampe notwendig. Weitere Modifikationen betrafen den Innenraum, technische Details und die Fahrzeugsoftware. In der Folge wurden von den ÖBB auch zwölf vierteilige Zweisystemtriebwagen bestellt. Diese sind auch unter 25 kV/50Hz einsetzbar und können daher nach Ungarn und in die Slowakei fahren. Sie wurden zunächst als Reihe 4824 bezeichnet, noch vor der Übernahme durch die ÖBB aber in 4124 umnummeriert. In der Folge wurde die Bestellung aufgestockt, heute sind die 4124.001 bis 037 im Bestand der ÖBB. Haupteinsatzgebiet sind die Strecken von Wien über die Ostbahn nach Wulkaprodersdorf, Pamhagen und Hegyeshalom, wobei sie auch auf der Neusiedler Seebahn zum Einsatz kommen. Erwähnt sei auch, dass vier 4124 aus der Bestellung der ÖBB zunächst an die MÁV als Reihe 5342 geliefert wurden und erst später durch Nachbauten ersetzt wurden. Heute sind die insgesamt zehn MÁV 5342, nunmehr als Reihe 425, auch in Österreich anzutreffen.

Bauart:	B'2'2'2'B'
Anzahl:	177
Vmax:	140 km/h
Dienstgewicht:	116 t
Stundenleistung:	1.520 kW
Inbetriebsetzung:	2004
Anstrich:	rot/grau

4030.2

Als erste moderne Elektrotriebwagenbauart nach dem Zweiten Weltkrieg entstand ab 1956 die Reihe 4030. Eine Garnitur bestand aus je einem Trieb- und Steuerwagen, dazwischen waren ein bis zwei Zwischenwagen eingereiht. Als Weiterentwicklung der Reihen 4030.0 und 4030.1 wurden ab 1961 speziell ausgerüstete Fahrzeuge für die Wiener Schnellbahn beschafft. Um bessere Beschleunigungswerte zu erhalten, wurde die Masse gegenüber den Vorgängern vermindert, es gelangten nur Dreiwagenzüge zur Auslieferung (4030.201-246, 7030.201-246, 6030.201-246). Die Fertigung erfolgte bei SGP in Graz, die elektrische Ausrüstung stellten BBC und Elin. Von 1961 bis 1966 wurden 25 Garnituren geliefert, von 1970 bis 1975 dann nochmals 21. Die Garnituren besaßen von Anfang an Vielfachsteuerung, ab 4030.229 erhielten sie Scharfenberg-Kupplungen, die anderen Garnituren wurden in der Folge entsprechend nachgerüstet. Im Wageninneren gab es weitere Umbauten zur Komfortsteigerung (hochgezogene Lehnen usw.). Die neuen 4024 machten die 4030.2 letztlich überflüssig. Letztere wurden bis zum Jahr 2004 alle ausgemustert. Der äußerlich in den Lieferzustand zurückversetzte 4030.210 wird im Eisenbahnmuseum Schwechat aufbewahrt, der 4030.208 befindet sich im Museum Strasshof. Einige Wagen erwarb die Staudenbahn.

Bauart:	**Bo'Bo' (Triebkopf)**
Anzahl:	**46**
Vmax:	**100 km/h**
Dienstgewicht:	**57 t**
Stundenleistung:	**1.000 kW**
Inbetriebsetzung:	**1961**
Ausmusterung:	**2004**
Verkauf:	**4030.238 und 239 an Staudenbahn**
Anstrich:	**blau/elfenbein/orange**

4041

Um den Energieaufwand für ihre lokbespannten Personenzüge zu reduzieren, entschlossen sich die BBÖ 1929, elektrische Triebwagen zu beschaffen. Bei der elektrischen Ausrüstung griff man auf bewährte Teile der Reihe 1045 zurück, das Fahrzeug bezeichnete man als ET 10. Gebaut wurden die Triebwagen bei Krauss in Linz, die elektrischen Bauteile kamen von Elin. Um die zulässige Radsatzlast nicht zu überschreiten, wurden dreiachsige Drehgestelle mit einem kleinen mittleren Laufradsatz verwendet. Nach einer Anhebung der zulässigen Radsatzlasten auf den Hauptstrecken konnten die störungsanfälligen Laufradsätze ausgebaut werden. Zur Vereinfachung des Betriebs baute man später auch einige Personenwagen zu Steuerwagen um (Reihen 6158, 6258). Schließlich gelangten auch Einrichtungen zur Vielfachsteuerung zum Einbau, die sich jedoch nicht sonderlich bewährten. Anlässlich von Großausbesserungen kam es zu Verbesserungen bei der Innenausstattung sowie Umbauten am Kasten, insbesondere die Stirnfront wurde umgestaltet. 1973 wurden die letzten Wagen kassiert. Der 4041.01 blieb in Ampflwang als Museumsfahrzeuge im Letztzustand erhalten, der 4041.03 wurde in den Lieferzustand zurückversetzt und trägt wieder die ursprüngliche Bezeichnung ET 10.003. Er befindet sich im Museum in Strasshof.

Bauart:	**2'Bo'**
Anzahl:	**5**
Vmax:	**80 km/h**
Dienstgewicht:	**72 t**
Stundenleistung:	**500 kW**
Inbetriebsetzung:	**1929**
Ausmusterung:	**1973**
Anstrich:	**grün, blau/elfenbein**

4042

Trotz der Wirtschaftskrise der dreißiger Jahre gab es in Österreich zur damaligen Zeit eine gewisse Nachfrage nach einem Schnellverkehr für ein gehobenes Publikum. Die BBÖ bestellten daher 1934 bei der Maschinenfabrik Simmering zwei elektrische Schnelltriebwagen als Reihe ET 11, die sich wagenbaulich an die gleichzeitig bestellten Dieseltriebwagen Reihe VT 42 (ÖBB 5042) anlehnten. Den elektrischen Teil lieferte AEG-Union. Beide Fahrzeuge wurden 1936 in Salzburg stationiert und zunächst auf den Strecken nach Spittal am Millstättersee und Zell am See erprobt. Bei der DRG wurden sie als ET 42 eingereiht. Nach 1945 setzten sie die ÖBB zwischen Salzburg und Linz ein, nach Fertigstellung der Elektrifizierung kamen sie auch bis Wien. Da die Antriebsleistung die Beigabe von Beiwagen bei unverminderter Höchstgeschwindigkeit nicht zuließ, blieb das Platzangebot beschränkt. In der Folge wanderten die seit 1953 als Reihe 4042 bezeichneten Triebwagen in den Regionalverkehr ab. 1966 wurden die an die Steiermärkischen Landesbahnen für deren Strecke Peggau – Übelbach verkauft, dort standen sie bis 1995 im Einsatz. 1996 wurden sie an die Nostalgiebahnen in Kärnten verkauft, der 4042.01 ist seit 2016 wieder betriebsfähig und unternimmt Sonderfahrten.

Bauart:	**2'Bo'**
Anzahl:	**2**
Vmax:	**100 km/h**
Dienstgewicht:	**48 t**
Stundenleistung:	**400 kW**
Inbetriebsetzung:	**1936**
Ausmusterung:	**1966**
Verkauf:	**an StLB**
Anstrich:	**blau/elfenbein**

4744, 4746

Im Jahr 2010 schlossen die ÖBB nach einer Ausschreibung mit Siemens zunächst einen Rahmenvertrag über die Lieferung von bis zu 200 dreiteilige Triebwagengarnituren. Im Jahr 2013 bestellten die ÖBB zunächst insgesamt 100 Exemplare des Desiro ML. Der dreiteilige Triebwagen ist als Zweisystemfahrzeug ausgeführt. Der Desiro ML ist ein bewährtes Großserienfahrzeug, das in ähnlicher Form auch für andere Bahnen gebaut wird. Unter dem Markennamen »ÖBB Cityjet« wurden zwei Ausführungen beschafft: ein viertüriger Regionaltriebwagen (Reihe 4744, 70 Stück) und ein sechstüriger S-Bahn-Triebwagen (Reihe 4746, 30 Stück). 2015 begann die Lieferung der Erstbestellung. In der Folge wurden weitere Garnituren als Reihe 4746 beschafft, mittlerweile ist der gesamte Rahmen von 200 Garnituren ausgeschöpft, die Lieferung wurde Ende 2021 abgeschlossen. Inzwischen haben die ÖBB im Rahmen einer neuerlichen Ausschreibung 41 weitere Garnituren 4746 bei Siemens bestellt, diesmal jedoch in einer vierteiligen Version. Die Lieferung soll Mitte 2022 beginnen. Auch die private Raab-Ödenburg-Ebenfurther Eisenbahn hat sich der ÖBB-Bestellung mit fünf Exemplaren der Reihe 4744 und acht 4746 angeschlossen. Die neuen Triebwagen werden vorwiegend in Wien, Niederösterreich, Oberösterreich und in der Steiermark eingesetzt und lösten einen Großteil der Reihe 4020 ab. Die vierteiligen Garnituren sind für Tirol und Vorarlberg vorgesehen.

Bauart:	Bo'Bo'+2'2'+Bo'Bo'
Anzahl:	70 (4744) / 130 (4746)
Vmax:	160 km/h
Dienstgewicht:	144,9 t/144,4 t
Stundenleistung:	2.600 kW
Inbetriebsetzung:	2015
Anstrich:	rot/weiß/grau

4855

Die elektrische Lokalbahn Lambach – Haag stand im Eigentum der ÖBB. Aufgrund ihrer Gleichstromelektrifizierung war sie jedoch innerhalb der ÖBB ein Fremdkörper und wurde vertragsgemäß von Stern & Hafferl betrieben. Um den bis dahin üblichen Betrieb von Gleichstromtriebwagen mit Gleichrichterwagen – die Züger der Lokalbahn nutzen ein kurzes Stück der mit Wechselstrom elektrifizierten Westbahnstrecke – zu modernisieren, beschafften die ÖBB 1989 zwei Zweisystem-Triebwagen als Reihe 4855 und übergaben sie dem Betriebsführer Stern & Hafferl, der sie als ET 25.103-104 auch in seinem Bestand führte. An den Fahrzeugen sind beide Nummern angeschrieben. Mit diesen modernen Fahrzeugen wurde auch ein Durchlauf auf ÖBB-Strecken bis Wels möglich. Die elektrische Ausrüstung basiert auf erprobten Komponenten, die Gleichrichterausrüstung stammt von der Reihe 1063, die Fahrmotoren von der Reihe 4020 und das Schaltwerk von den Wiener U-Bahn-Triebwagen. Ende 2009 wurde die Lokalbahn eingestellt und die beiden Triebwagen den ÖBB übergeben. Zunächst wurden sie auf der Nebenbahn von Vöcklabruck nach Kammer-Schörfling eingesetzt, dann jedoch abgestellt. Mittlerweile wurden sie an die SETG verkauft.

Bauart:	**Bo'2'**
Anzahl:	**2**
Vmax:	**120 km/h**
Dienstgewicht:	**58 t**
Stundenleistung:	**480 kW**
Inbetriebsetzung:	**1989**
Ausmusterung:	**2017**
Verkauf:	**an SETG**
Anstrich:	**rot/elfenbein**

4758

Im Jahr 2015 starteten die ÖBB eine Ausschreibung über bis zu 300 Elektrotriebwagen. Diese gewann Bombardier mit dem Talent 3. Dabei handelt es sich um einen mehrteiligen Gliederzug mit Jakobs-Drehgestellen. Zunächst bestellten die ÖBB 46 sechsteilige Garnituren mit 104,5 m Länge. Standardmäßig sollten sie unter 15 kV/16,7Hz und 25 kV/50 Hz fahren können, sechs Garnituren außerdem im italienischen Gleichstromnetz. Diese sollten von Tirol aus nach Südtirol verkehren. 2018 wurde die erste Garnitur als Reihe 4758 auf der Innotrans vorgestellt. 2019 kamen die ersten Garnituren zu Probefahrten nach Österreich. Dabei zeigten sich jedoch erhebliche Probleme, welche die Zulassung immer weiter verzögerten. Mittlerweile haben sich die rechtlichen Rahmenbedingungen geändert und die Garnituren müssen mit ETCS Baseline 3 nachgerüstet werden. Ende 2020 übernahmen die ÖBB probeweise zwei Garnituren und setzten diese im Planbetrieb in Vorarlberg ein. Dieser war aber nur von kurzer Dauer. Da eine Zulassung weiterhin nicht absehbar war und der Hersteller die gesetzten Nachfristen nicht einhalten konnte, wurde der Auftrag schließlich im Sommer 2021 storniert. Mittlerweile sind die fertig gebauten Garnituren in Deutschland hinterstellt, Alstom als Rechtsnachfolger von Bombardier bemüht sich derzeit neuerlich um eine Zulassung.

Bauart:	**Bo´2´2´2´Bo´2´Bo´**
Anzahl:	**46 (Bestellung storniert)**
Vmax:	**160 km/h**
Dienstgewicht:	**189 t**
Stundenleistung:	**2.600 kW**
Inbetriebsetzung:	**2020 (für Probebetrieb)**
Ausmusterung:	**2021 (zurück an den Hersteller)**
Anstrich:	**rot/weiß/grau**

4061

Im Jahr 1953 wollten die ÖBB ein leichtes Triebfahrzeug für den Schnellzugdienst beschaffen. Die Lokomotivfabrik Floridsdorf entwarf eine Schnellzuglokomotive mit Gepäckabteil, die von den ÖBB als Gepäcktriebwagen bezeichnet wurde. Das Fahrzeug erhielt Sècheron-Lamellenantrieb und hatte nur 17 t Radsatzlast. 1956 wurden die ersten zwölf Exemplare geliefert, bis 1959 folgte eine Serie von weiteren 13 Lokomotiven. Der geplante Einsatz als Gepäcklokomotive kam nie zustande, schließlich erfolgte 1976 die Umzeichnung der Bo'Bo'-Gepäcktriebwagen in Elektrolokomotiven der Reihe 1046. Die 1046.25 diente 1980 als Drehstromversuchsträger und wurde später kassiert. Zwei Lokomotiven (1046.03 und 17) wurden in die Reihe 1146 umgebaut, 13 Stück erhielten ab 1988 Neubaukästen. Die verbleibenden Exemplare der Ursprungsausführung wurden bis 1994 kassiert, 1046.13 wurde als betriebsfähige Nostalgielokomotive 4061.13 in den Lieferzustand zurückversetzt und wird für Sonderfahrten in Strasshof vorgehalten.

Bauart:	**Bo'Bo'**
Anzahl:	**25**
Vmax:	**125 km/h**
Dienstgewicht:	**67 t**
Stundenleistung:	**1.600 kW**
Inbetriebsetzung:	**1956**
Ausmusterung:	**1976 (Umzeichnung in 1046)**
Anstrich:	**grün**

4090

Die betagten Loks der Mariazellerbahn (Reihe 1099) Anfang der neunziger Jahre kaum noch den Anforderungen eines modernen Bahnbetriebs entsprachen, entschlossen sich die ÖBB, für diese Strecke Neubaufahrzeuge anzuschaffen. Dabei wurde dem Triebwagenkonzept der Vorzug gegeben: 1995 erhielt die Mariazellerbahn drei Triebwagen (4090.001-003), drei Zwischenwagen (7090.001-003) und einen Steuerwagen (6090.001), die je eine drei- und eine vierteilige Garnitur bildeten. Geliefert wurden sie von SGP Graz, die elektrische Ausrüstung stammte von Elin. Letztere war für die Stromversorgung der Mariazellerbahn mit 6,5 kV/25 Hz konzipiert, doch wurde eine allfällige Umstellung auf 6,5 kV/50 Hz berücksichtigt. Die Fahrzeuge nützen das zulässige Lichtraumprofil voll aus, auf Grund der Wankneigung zufolge einer weicheren Federung waren jedoch Anpassungsarbeiten an der Fahrleitung erforderlich. Da die Fahrzeuge sich nicht sonderlich bewährten, blieben sie Einzelstücke. Nach der Privatisierung der Mariazellerbahn im Dezember 2010 gelangten die Triebwagen ins Eigentum der NÖVOG. Nach der Lieferung der neuen Triebwagen von Stadler waren sie entbehrlich und wurden abgestellt. 2015 erwarb die Pinzgauer Lokalbahn die Fahrzeuge, die drei Triebköpfe wurden mittlerweile verschrottet. Ein Zwischenwagen ist wieder in Betrieb, die beiden anderen Zwischenwagen und der Steuerwagen sind abgestellt.

Bauart:	**Bo'Bo'**
Spurweite:	**760 mm**
Anzahl:	**3**
Vmax:	**70 km/h**
Dienstgewicht:	**36 t**
Stundenleistung:	**410 kW**
Inbetriebsetzung:	**1994**
Ausmusterung:	**2010**
Verkauf:	**4090.001-003 an NÖVOG**
Anstrich:	**weiß/rot**

ÖBB 5047 019 *bei Enzesfeld am 25. Oktober 2021*

5022

Im Jahr 2000 begann in Deutschland die Auslieferung der ersten Desiro-Dieseltriebwagen von Siemens als DB-Baureihe 642. Nach einer Ausschreibung gewann Siemens auch einen Auftrag von den ÖBB, die zunächst 20 dieser Triebwagen als Reihe 5022 bestellten. Sie entsprechen weitgehend den DB-Fahrzeugen, haben jedoch zusätzlich eine Sprinklereinrichtung und eine Notbremsüberbrückung. Die zweiteiligen Triebwagen erreichen 120 km/h und verfügen über Niederfluranteil von 60%. Außerdem ist ein Mehrzweckabteil für die Mitnahme von Fahrrädern vorhanden. Die beiden Sechszylinder-Dieselmotoren treiben je ein Drehgestell über ein mechanisches Fünfgang-Automatikgetriebe an. Das zentrale Fahrzeugsteuergerät erlaubt die Mehrfachsteuerung von bis zu drei Triebwagen. Nachdem sich die Fahrzeuge der ersten Serie bewährten, lösten die ÖBB eine Option auf 40 weitere Fahrzeuge ein, so dass heute insgesamt 60 Fahrzeuge im Einsatz sind. Damit gelang es, die letzten mit den Reihen 2043 und 2143 bespannten Reisezüge von den Nebenbahnen zu verdrängen. Einsatzschwerpunkte der Reihe 5022 sind Wiener Neustadt, Graz, Villach und Linz. Um die Flotte von Dieseltriebwagen mit Niederflureinstiegen zu erweitern, haben die ÖBB seit 2019 bisher acht Triebwagen der Reihe 642 von DB-Regio angemietet, denen noch weitere folgen sollen. Diese sind alle in Salzburg beheimatet.

Bauart:	**B'(2)'B'-dm**
Anzahl:	**60**
Vmax:	**120 km/h**
Dienstgewicht:	**70,7 t**
Leistung:	**630 kW**
Inbetriebsetzung:	**2003**
Anstrich:	**rot/grau**

5041

Um 1933 verabschiedeten sich die BBÖ im Triebwagenbau vom Leichtbau mit Benzinmotoren und begannen mit dem Bau moderner dieselgetriebener Motortriebwagen in Gestalt der Reihe VT 41. Damit gelang ein Durchbruch zum serienreifen Bau derartiger Fahrzeuge in Österreich, so dass der VT 41 als Urahn der heutigen österreichischen Dieseltriebwagen anzusehen ist. Er verfügt über zwei Drehgestelle, das vordere trägt Dieselmotor, Generator und Kühler, das hintere ist das Triebdrehgestell mit den beiden Fahrmotoren. Die Herstellung erfolgte in der Maschinenfabrik Simmering, es gelangte ein Achtzylindermotor der Type W8 zum Einbau. Der VT 41 konnte sowohl auf Lokalbahnen als auch im Eilverkehr auf Hauptstrecken eingesetzt werden und wurde in insgesamt zehn Exemplaren gebaut. Die DRG bezeichnete die Fahrzeuge als C4ivT 880-889. Nach 1945 wurden die Motoren von Direkteinspritzung auf ein Vorkammersystem umgebaut und damit die Leistung auf 132 kW gesteigert. 1945 befanden sich acht Exemplare in Österreich. Der VT 41.02 wurde in die Sowjetunion abgefahren und schließlich 1980 in Kiew gesichtet. Zwei weitere Exemplare wurden kassiert, dafür kehrten zwei aus Deutschland zurück. Somit wurden sieben Stück 1953 von den ÖBB als Reihe 5041 umnummeriert. Die Einsätze der 5041 beschränkten sich zuletzt auf Nebenbahnen im Norden Wiens, 1977 wurden die letzten Exemplare aus dem Verkehr gezogen. Der 5041.03 ist in Groß Schwechat als Museumsfahrzeug erhalten geblieben.

Bauart:	**Bo'2'-de**
Anzahl:	**10**
Vmax:	**80 km/h**
Dienstgewicht:	**40,4 t**
Leistung:	**118 kW / 132 kW (nach Umbau)**
Inbetriebsetzung:	**1933**
Ausmusterung:	**1977**
Anstrich:	**blau/elfenbein**

5042

Der erfolgreiche Einsatz des VT 41 veranlassten die BBÖ, den eingeschlagenen Weg mit schnelllaufenden Dieselmotoren und elektrischer Leistungsübertragung im Triebwagenbau fortzuführen. Daher gaben sie 1935 zunächst zwei größere Dieseltriebwagen als Reihe VT 42 bei der Maschinenfabrik Simmering in Auftrag. Sie bewährten sich und so folgte 1936 eine Anschlussbestellung über zwölf weitere Fahrzeuge. Sie verfügten über zwei Maschinenanlagen und einen geschweißten Wagenkasten. Als Motoren kamen je ein Viertaktdieselmotor der Type R8 je Drehgestell zum Einbau, der jeweils über einen Generator einen Fahrmotor antrieb. Mit 110 km/h Höchstgeschwindigkeit eigneten sich die Fahrzeuge vor allem für den Städteschnellverkehr, der sie bis nach Budapest führte. Die DRG gab ihnen die Bezeichnung C4ivT 890-903 und baute die Fahrzeuge in der Folge auf Gasantrieb um, der nach dem Krieg wieder rückgebaut wurde. 1945 befanden sich noch elf Fahrzeuge in Österreich, von denen jedoch zwei kassiert wurden. Daher gelangten bei den ÖBB im Jahr 1953 noch neun Exemplare als Reihe 5042 in das neue Nummernschema. Ein weiterer Triebwagen entstand 1962 durch Umbau aus dem dreiachsigen Einzelstück 5043.01 und erhielt die Nummer 5042.15. Der 5042.14 wurde 1987 in den Ursprungszustand zurückversetzt, schied 1989 aus dem Aktivstand und befindet heute als betriebsfähiger Museumstriebwagen im Heizhaus Strasshof.

Bauart:	(1A)'(A1)'-de
Anzahl:	15
Vmax:	110 km/h
Dienstgewicht:	57 t
Leistung:	310 kW
Inbetriebsetzung:	1933
Ausmusterung:	1989
Anstrich:	blau/elfenbein

5044

Trotz ihrer positiven Erfahrungen mit der elektrischen Leistungsübertragung wandten sich die BBÖ 1937 dem hydraulischen Antrieb zu und bestellten 16 Exemplare des VT 44 für den Schnellverkehr. Gebaut in der Maschinenfabrik Simmering, erhielten sie einen Zwölfzylinder-Dieselmotor vom Typ R12a. Von dort erfolgte die Kraftübertragung über ein hydraulisches Wandlergetriebe und Kardanwellen auf die beiden Achsen des Triebdrehgestells. Die Ablieferung dieser Fahrzeuge erfolgte erst in der Zeit der DRG. Die ersten zehn trugen dabei noch ihre BBÖ Nummern, der Rest wurde bereits mit DRG-Nummern ausgeliefert. Alle wurden als C4ivT 905-920 bezeichnet. 1940 folgten auf Bestellung der DRG noch die C4ivT 921-930. Während des Krieges wurden die Fahrzeuge teilweise als Kommando- oder Mannschaftswagen bei Eisenbahngeschützbatterien eingesetzt, weshalb ein erheblicher Teil durch Kriegseinwirkung verlorenging. 1945 befanden sich sechs VT 42 in Österreich, drei kehrten danach noch aus Deutschland zurück. Diese neun Exemplare erhielten 1953 die Bezeichnung Reihe 5044. Sie wurden zunächst wieder im Schnellverkehr auf Hauptstrecken eingesetzt und bildeten zuletzt jahrelang das Rückgrat des Nebenbahnverkehrs im Osten Österreichs. Ihre letzten Einsätze absolvierten sie auf der Bahnlinie Mürzzuschlag – Neuberg, wo sie erst 1988 abgelöst wurden. Der 5044.06 wird als Museumstriebwagen in St. Aegyd aufbewahrt.

Bauart:	**B'2'-dh**
Anzahl:	**26**
Vmax:	**115 km/h**
Dienstgewicht:	**54,1 t**
Leistung:	**312 kW**
Inbetriebsetzung:	**1938**
Ausmusterung:	**1988**
Anstrich:	**blau/elfenbein**

5144

Nachdem ein Teil der VT 42 und VT 44 als Folge der Kriegsereignisse nicht mehr zur Verfügung stand, stellte sich die Frage von Neubeschaffungen. Eine Entscheidung über Neukonstruktionen schob man auf und entschloss sich zunächst 1951, fünf ehemalige Steuerwagen, die für die VT 44 beschafft worden waren, in Motorwagen umzubauen. Dabei griff man auf Motor und Antriebseinrichtungen aus dem VT 44 zurück, da die ÖBB für die VT 44 noch über ein umfangreiches Ersatzteillager verfügten. Die Umbaufahrzeuge wurden bei SGP in Simmering zusammengebaut und hießen bis 1953 VT 44.50-54, ehe sie als 5144.01-05 in das endgültige Bezeichnungsschema aufgenommen wurden. Maschinell sind sie mit den 5044 identisch. Auch die 5144 wurden anfangs im Schnellverkehr eingesetzt und wanderten später in den Nebenbahndienst ab. Ab 1979 erfolgten noch ein Umbau der Stirnfront sowie eine Verbesserung der Lärmdämmung. Als einziger besaß der 5144.03 eine Warmhaltevorrichtung. Erst 1993 schied der 5144.004 als letzter seiner Reihe aus dem Bestand, und befindet sich nunmehr bei der ÖGEG in Ampflwang.

Bauart:	**B'2'-dh**
Anzahl:	**5**
Vmax:	**115 km/h**
Dienstgewicht:	**56 t**
Leistung:	**312 kW**
Inbetriebsetzung:	**1951**
Ausmusterung:	**1993**
Anstrich:	**blau/elfenbein**

5145

Nach dem Zweiten Weltkrieg herrschte bei den ÖBB ein Mangel an leistungsfähigen Dieseltriebwagen für Eilverbindungen. Das Platzangebot in den VT 42 und VT 44 war unzureichend und so entschlossen sich die ÖBB, eine neue Baureihe zu beschaffen. Nachdem der Hersteller SGP zunächst einen Doppelstocktriebwagen angeboten hatte, gaben die ÖBB schließlich eine einstöckige Triebwagen-Steuerwagen-Einheit als ersten echten Neubautriebwagen nach dem Zweiten Weltkrieg in Auftrag. Ab 1952 wurden sodann zwölf Einheiten als 5045.01-12 samt Steuerwagen 6545.01-12 geliefert, die den Spitznamen »Blauer Blitz« erhielten. Den Antrieb besorgte ein Dieselmotor der Type R12a. 1956 folgten vier weitere Einheiten als 5145.01-04 mit Steuerwagen 6645.01-04, die ursprünglich für die Jugoslawischen Eisenbahnen gebaut worden waren. Aus finanziellen Gründen unterblieb die Lieferung und so gelangten die Fahrzeuge zunächst leihweise an die ÖBB, die sie dann 1957 ankauften. Ab 1961 erfolgte ein Umbau der 5045.01-12 in 5145.01-12, wobei vor allem der hohe Dachkühleraufbau niedriger ausgeführt wurde. Gleichzeitig wurden die ursprünglichen 5145.01-04 in 5145.13-16 umnummeriert. Anfänglich fuhren die Triebwagengarnituren – es gab auch verschiedene Zwischenwagen (7645, 7745, 7845) – im internationalen Verkehr bis Berlin und Venedig, später reduzierte sich jedoch das Aufgabengebiet auf Nebenbahneinsätze. Mit Ausnahme des 5145.11 sind alle Fahrzeuge von vier- auf dreifenstrige Stirnfronten umgebaut worden. Der 5145.01 ist inzwischen zusammen mit den 5145.11 und 14 sowie Steuer- und Zwischenwagen im Bestand des Eisenbahnmuseums Strasshof, der 5145.09 wird in Ampflwang aufbewahrt. Die anderen Fahrzeuge wurden bis 1997 kassiert.

Bauart:	**B'2'-dh**
Anzahl:	**16**
Vmax:	**115 km/h**
Dienstgewicht:	**47,3 t**
Leistung:	**397 kW**
Inbetriebsetzung:	**1952**
Ausmusterung:	**1997**
Anstrich:	**blau/elfenbein**

5046/5146

Aufbauend auf den Konstruktionsprinzipien der 5045/5145 lieferte SGP Simmering 1954/55 insgesamt 17 Nahverkehrstriebwagen als Reihe 5046 an die ÖBB. Sie besaßen Endführerstände, ein Gepäckabteil und eine Dampfheizeinrichtung und konnten mehrere Beiwagen mitführen. Wie bei den 5045/5145 gelangte ein Dieselmotor der Type R12a zum Einbau. Da sich die Fahrzeuge der neuen Reihe gut bewährten, folgte ab 1959 ein Weiterbau in modifizierter Form. Die Änderungen an den als 5146.01-08 bezeichneten Fahrzeugen betrafen einerseits die Fensterteilung und ein verkleinertes Gepäckabteil, andererseits waren sie von Anfang an mit Webasto-Heizung ausgerüstet. Ab 1965 erhielten elf 5046 eine Vielfachsteuerung für Wendezugbetrieb, sie wurden als 5046.1 bezeichnet. Danach wurden sechs Stück 5146 in 5146.1 mit Wendezugsteuerung umgebaut. Ab 1974 folgte ein weiterer Umbau in 5046.2 und 5146.2. Dabei wurden die Triebwagen so gedreht, dass das lärmende Motorabteil an dem Ende platziert wurde, das dem Steuerwagen zugewandt war. Da es für die nunmehr 25 Triebwagen der Reihen 5046.2/5146.2 nicht genug Steuerwagen gab, wurden insgesamt sechs den 7046 ähnliche Personenwagen in die Steuerwagen 6546.221-226 umgebaut. Dabei war der 6546.226 als Besonderheit auch mit der Reihe 5145 einsetzbar. Alle wurden bis 1997 bei den ÖBB kassiert, je zwei Exemplare der Reihen 5046 und 5146 wurden an die private Raab-Ödenburg-Ebenfurther Eisenbahn verkauft, von denen eine Garnitur im Eisenbahnmuseum in Budapest erhalten ist. Weitere Fahrzeuge werden in Ampflwang und in Mistelbach aufbewahrt.

Bauart:	B'2'-dh
Anzahl:	17 (5046), 8 (5146)
Vmax:	100 km/h
Dienstgewicht:	51 t /56 t
Leistung:	397 kW
Inbetriebsetzung:	1959
Ausmusterung:	1997
Verkauf:	5046.206 und 209, 5146.203 und 206 an GySEV
Anstrich:	blau/elfenbein

5047

Seit der Lieferung der Schienenbusse der Reihe 5081 in den sechziger Jahren beschafften die ÖBB für lange Zeit keine neuen Dieseltriebwagen für Nebenstrecken. Nach jahrelangem Warten, das vor allem auf die Verzögerung einer endgültigen Entscheidung über den Betrieb zahlreicher Nebenbahnstrecken zurückzuführen war, entschlossen sich die ÖBB 1983 zur Ausschreibung von neuen Nebenbahntriebwagen. Den Zuschlag erhielten die Jenbacher Werke, 1985 wurden die ersten 20 Exemplare bestellt und ab 1987 ausgeliefert. Der Antrieb erfolgte durch einen Viertaktdieselmotor von MTU über ein hydrodynamisches Zweiwandlergetriebe von Voith auf die Achsgetriebe. Die Reihe 5047 wurde dabei in Anlehnung an den VT 627 der DB konstruiert. Die Fahrzeuge wurden für den Einmannbetrieb eingerichtet und können auch in Vielfachsteuerung verkehren, sie haben zwei Führerstände. Da sie sich bewährten, orderten die ÖBB bis 1995 insgesamt 100 Stück, die das Ausscheiden der Reihen 5042, 5044, 5144 und 5081 ermöglichten. Je zwei weitere 5047 laufen auf der StLB-Strecke Gleisdorf – Weiz (5047.401-402) und auf der privaten Raab-Ödenburg-Ebenfurther Eisenbahn (5047.501-502). Letztere erwarb noch sieben weitere Exemplare von den ÖBB. Bei den ÖBB schieden einige Fahrzeuge inzwischen durch Unfallschäden aus, der Rest ist in Linz, Rottenegg, Krems und Wiener Neustadt beheimatet.

Bauart:	**2'B'-dh**
Anzahl:	**100**
Vmax:	**120 km/h**
Dienstgewicht:	**43,7 t**
Leistung:	**419 kW**
Inbetriebsetzung:	**1987**
Verkauf:	**7 Stück an Raab-Ödenburg-Ebenfurther Eisenbahn**
Anstrich:	**blau/grau, rot/grau**

5147

Der Erfolg der Reihe 5047 im Nebenbahneinsatz führte dazu, dass die Einzeltriebwagen auf manchen Strecken an ihre Kapazitätsgrenzen stießen. Insbesondere die 5145/6545-Einheiten konnten nicht immer durch einen 5047 ersetzt werden. Zunächst wurde die Anschaffung von Steuerwagen zum 5047 erwogen, doch hätten diese die guten Beschleunigungswerte beeinträchtigt. Als Abhilfe für die Kapazitätsprobleme wurden daher von den Jenbacher Werken zehn aus der Reihe 5047 abgewandelte Triebwagen angeschafft, die nur über einen Führerstand verfügen und am anderen Ende einen Fahrgastübergang besitzen. Um diesen auch in engen Bögen nutzen zu können, wurde der Abstand vom Drehzapfen zum Übergang verringert. Daher sind die hinteren Enden der 5147 gegenüber den 5047 um 910 mm verkürzt. Ansonsten unterscheiden sie sich technisch nicht von den 5047. Je zwei Fahrzeuge dieser Reihe 5147 bilden somit einen Doppeltriebwagen. Auch von dieser Fahrzeugtype hat die private Raab-Ödenburg-Ebenfurther Eisenbahn einen Doppeltriebwagen in ihrem Bestand (5147.511-512). Alle ÖBB-Triebwagen sind mittlerweile nach Ungarn verkauft und in Sopron und Szombathely im Einsatz.

Bauart:	2'B'-dh
Anzahl:	10
Vmax:	120 km/h
Dienstgewicht:	44,5 t
Leistung:	419 kW
Inbetriebsetzung:	1992
Ausmusterung:	2012
Verkauf:	alle zehn Stück an Raab-Ödenburg-Ebenfurther Eisenbahn
Anstrich:	blau/grau

5081/8081

Nach dem Zweiten Weltkrieg begann in Deutschland der erfolgreiche Einsatz von Schienenbussen auf Nebenbahnen. Daher gab es auch in Österreich umfangreiche Überlegungen zu einer derartigen Fahrzeugtype. Nachdem sich der von SGP Graz gelieferte Prototyp eines Schienenbusses nicht sonderlich bewährte, entschieden sich die ÖBB für die Beschaffung von Uerdinger Schienenbussen der DB-Baureihe VT 98, die 1964 (5081.01-03) geliefert wurden. Sie hatten jeweils zwei Motoren vom Typ Büssing U10, die über eine hydraulische Kupplung auf ein Sechsgang-Schaltgetriebe wirkten. In der Folge kam es zu einem Lizenzbau durch die Jenbacher Werke (5081.11-22) und SGP (5081.51-65). Zu den Uerdinger Triebwagen waren neun Beiwagen (7081.01-09) geliefert worden, dazu kamen noch die Lizenz-Beiwagen 7081.11-27 und 7081.51-54. Ebenfalls in Lizenz fertigten die österreichischen Hersteller passende Steuerwagen (6581.11-20 und 6581.51-67). 1974 wurden drei Uerdinger Beiwagen zu Steuerwagen umgebaut (6581.01-03). Für den Einsatz auf der Erzbergbahn erhielten sechs Triebwagen zusätzliche Magnetschienenbremsen und damit die neuen Betriebsnummern 5081.560-565. Die letzten Schienenbusse quittierten bis 1994 ihren Dienst bei den ÖBB. Vier Exemplare wurden in der Folge als Bereisungstriebwagen Reihe 8081 (8081.001, 015, 021 und 055) wieder in den Bestand der ÖBB übernommen, Ende 2010 wurden sie aber endgültig ausgemustert. Einige Fahrzeuge, darunter alle vier 8081, blieben bei verschiedenen Museumsbahnen erhalten. Einen Triebwagen erwarb die NÖVOG, die das Fahrzeug in der Vor- und Nachsaison auf der Strecke Retz – Drosendorf einsetzt.

Bauart:	**AA-dm**
Anzahl:	**30**
Vmax:	**90 km/h**
Dienstgewicht:	**20,7 t**
Leistung:	**222 kW**
Inbetriebsetzung:	**1964**
Ausmusterung:	**2010**
Anstrich:	**blau/elfenbein**

5090

1980/81 beschafften die Steiermärkischen Landesbahnen vier dieselelektrische Schmalspurtriebwagen samt Steuerwagen von der Firma Knotz in Wien. Nachdem sich auf den Murtalbahn der Einsatz moderner Schmalspurtriebwagen bewährte, entschlossen sich auch die ÖBB zum Kauf derartiger Fahrzeuge. So beschafften die Bundesbahnen 1985 zunächst fünf Einheiten, die im Waldviertel und auf der Pinzgauer Lokalbahn zum Einsatz kamen. Als Antrieb dient ein Unterflur-Dieselmotor von MAN, der einen Drehstrom-Synchrongenerator antreibt. Dieser versorgt die Fahrmotoren, die in beiden Drehgestellen sitzen. Da die neuen Fahrzeuge im Betriebseinsatz überzeugten, kam es 1991 zu einer Nachlieferung von zwei Stück. Da die Firma Knotz inzwischen ihre Tore für immer geschlossen hatte, baute Rotax-Bombardier in Wien diese Fahrzeuge. Schließlich wurden nochmals elf Triebwagen bestellt und bis 1995 abgeliefert. Somit war es möglich, lokbespannte Züge auf den Schmalspurbahnen der ÖBB durch moderne Triebwagen zu ersetzen und damit den Betrieb zu rationalisieren. Nach der Privatisierung der Pinzgauer Lokalbahn im Jahr 2008 wurden die 5090.001-006 an den neuen Betreiber übergeben, der sie als VTs 11-16 bezeichnete. Die übrigen Fahrzeuge (5090.007-017) gelangten Ende 2010 mit der Privatisierung der in Niederösterreich gelegenen Schmalspurbahnen ins Eigentum der NÖVOG, die sie weiterhin im Waldviertel und dem Reststück der Ybbstalbahn einsetzt. Einen dieser Triebwagen erwarb die Pinzgauer Lokalbahn. Diese hat ihrerseits einen an die Zillertalbahn abgegeben.

Bauart:	**B'B'-de**
Spurweite:	**760 mm**
Anzahl:	**17**
Vmax:	**70 km/h**
Dienstgewicht:	**29 t**
Leistung:	**235 kW**
Inbetriebsetzung:	**1986**
Ausmusterung:	**2010**
Verkauf:	**6 Stück an SLB, 11 Stück an NÖVOG**
Anstrich:	**rot, rot/elfenbein**

5099

Die ÖBB besaßen zwei meterspurige Zahnradbahnen, die auf den Schneeberg und den Schafberg führten. Diese wurden jahrzehntelang mit Dampflokomotiven und Vorstellwagen betrieben. 1964 unternahmen die ÖBB den Versuch, den Betrieb auf den Zahnradbergbahnen zu verdieseln. Zu diesem Zweck wurden bei SGP in Simmering zunächst zwei vierachsige Schmalspurtriebwagen der Reihe 5099 angeschafft. Es waren dies die ersten Schmalspurtriebwagen der ÖBB. Sie besaßen einen Achtzylinder-Dieselmotor vom Typ S8Bna, der über einen Voith-Drehmomentwandler und Radsatzgetriebe auf die beiden Antriebsachsen wirkt. Der Antrieb erfolgt über Zahnräder auf die Abt'sche Zahnstange, die Laufräder sind als Losräder ausgeführt. Bei der Talfahrt wird über den Drehmomentwandler gebremst, zusätzlich sind Klotzbremsen und eine Bandbremse vorhanden. Nach einem Probeeinsatz im Sommer 1964 auf der Schneebergbahn wurden sie endgültig auf der Schafbergbahn beheimatet. Beim Reisepublikum fanden diese modernen Fahrzeuge jedoch keinen großen Anklang, da man die Fahrt mit der Dampflokomotive bevorzugte. Aus diesem Grund unterblieb auch ein Weiterbau der Reihe 5099. Bei der Privatisierung der Schafbergbahn gelangten sie ins Eigentum der SKGB und erhielten die neuen Nummern VTz 21 und 22. Heute wird einer museal aufbewahrt, der andere kommt gelegentlich noch an Sommerwochenenden als Verstärkungswagen zum Einsatz.

Bauart:	2'2'zz-dh
Spurweite:	1000 mm
Anzahl:	2
Vmax:	20 km/h
Dienstgewicht:	32,9 t
Leistung:	330 kW
Inbetriebsetzung:	1964
Ausmusterung:	2006
Verkauf:	beide an SKGB
Anstrich:	rot

Köf 5184 *in Bad Pirawarth auf der Museumsbahn nach Sulz-Nexing am 3. Juni 2019*

X111

Um 1930 erschienen bei der Deutschen Reichsbahn die ersten Kleinlokomotiven mit Verbrennungsmotoren. Es gab verschiedene Ausführungen, darunter auch zahlreiche Exemplare mit Dieselmotor, die als Kö bezeichnet wurden sowie andere mit Benzolmotor (Kb). Ein Teil dieser Fahrzeuge wurde von Windhoff produziert und acht davon befanden sich nach dem Zweiten Weltkrieg in Österreich. Diese Fahrzeuge besaßen einen Kämpermotor mit 60 PS sowie ein mechanisches Ardeltgetriebe. Die ÖBB übernahmen insgesamt sieben Stück und bezeichneten sie ab 1957 als X111.01 07, die achte Kleinlokomotive wurde in einen Kranwagen umgebaut. Die benzolgetriebenen Fahrzeuge bauten die ÖBB 1954 auf Dieselbetrieb um, wobei Demag Motoren vom Typ 4D12e verwendet wurden. Zuletzt fanden sie in untergeordneten Diensten, vor allem im Baudienst, Verwendung, doch sind mittlerweile alle ausgeschieden. X111.04 wird im Museum Strasshof als Kö 5159 betriebsfähig für zukünftige Generationen erhalten.

Bauart:	**B-dm**
Anzahl:	**7**
Vmax:	**30 km/h**
Dienstgewicht:	**14 t**
Leistung:	**44 kW**
Inbetriebsetzung:	**1944**
Ausmusterung:	**1988**
Anstrich:	**grün, rot**

X112

Die ÖBB waren bei der Unterscheidung der Kleinlokomotiven ziemlich genau. Daher wurden einige Kö und Kg (Holzgasantrieb) als Reihe X112 eingereiht. Sie stammten von Deutz, Jung, Henschel und Krauss-Maffei und besaßen daher unterschiedliche Motoren, waren aber jeweils mit einem Windhoff-Schaltgetriebe ausgerüstet. Nur die X112.04 hatte ein Ardelt-Getriebe. Motorisch erfolgte insofern eine Vereinheitlichung, als man in die Fahrzeuge Dieselmotoren des Type JW 100 von Jenbacher einbaute. Auch die X112 wurden ebenso wie die X111 vorwiegend im Bauzugdienst eingesetzt. Wie ihre Schwestern verschwanden auch sie mittlerweile aus dem Betriebsdienst. Drei Exemplare werden in verschiedenen Museen für die Nachwelt aufbewahrt.

Bauart:	B-dm
Anzahl:	7
Vmax:	30 km/h
Dienstgewicht:	16 t
Leistung:	51 kW
Inbetriebsetzung:	1933
Ausmusterung:	1994
Anstrich:	grün, rot

X130

1945 befanden sich in Österreich auch drei Kleinlokomotiven mit dieselelektrischem Antrieb (Köe), die Borsig und Henschel gebaut hatten. Ab 1957 wurden sie als Reihe X130 bezeichnet. Während die beiden Borsig-Fahrzeuge X130.01-02 das typische Aussehen einer Kleinlok besitzen, unterscheidet sich die X130.03 von Henschel durch einen etwas größeren Aufbau. Die ÖBB rüsteten alle drei Fahrzeuge einheitlich mit Dieselmotoren vom Typ JW100 der Jenbacher Werke aus. Die Generatoren stammten von AEG, die Fahrmotoren von AEG (X130.01-02) und SSW (X130.03). Die X130.01 wurde 1970 an die Firma Agrarspeicher für deren Abschlussbahn in Stadl-Paura verkauft und gelangte von dort in das Eisenbahnmuseum Strasshof. Die beiden anderen Loks wurden 1994 an die Nostalgiebahnen in Kärnten abgegeben.

Bauart:	**B-de**
Anzahl:	**3**
Vmax:	**30 km/h**
Dienstgewicht:	**16 t**
Leistung:	**51 kW**
Inbetriebsetzung:	**1935**
Ausmusterung:	**1994**
Anstrich:	**grün, rot**

X150

Als stärkste aller Kleinlokomotiven befanden sich 1945 insgesamt 13 Fahrzeuge mit hydraulischem Antrieb (DRG Kbf und Köf) in Österreich. Zwei waren schwer beschädigt und wurden kassiert, eine weitere Kleinlok musste 1946 an die CSD abgegeben werden (CSD T200.220"). Die übrigen zehn wurden von den ÖBB in den Bestand genommen und 1957 in X150 umgezeichnet. Die Kbf mit Benzinmotor wurden auf Dieselmotoren umgebaut, in der Folge besaßen alle neben dem hydraulischen Voith-Getriebe einen 105 PS starken Deutz-Motor vom Typ A6M517. Außen gab es an den ÖBB-Fahrzeugen keine Veränderungen. Auch sie wurden vorwiegend im Heizhausverschub oder bei Arbeitszugeinsätzen verwendet. Erwähnt sei noch, dass die ÖBB 1985 bei der EDV-Nummerierung statt X150 die Reihenbezeichnung 0150 wählten, doch wurde diese nur selten angeschrieben. Inzwischen sind auch diese Kleinloks bei den ÖBB ausgeschieden, einige X150 werden aber museal aufbewahrt.

Bauart:	B-dh
Anzahl:	10
Vmax:	30 km/h
Dienstgewicht:	16 t
Leistung:	79 kW
Inbetriebsetzung:	1942
Ausmusterung:	1998
Anstrich:	grün, rot

Bezeichnung / Baureihe			Standort
kkStB/BBÖ	ÖBB	Sonstige	
1.20			Technisches Museum Wien
301.09		ČD 252.008	Technisches Museum Praha, CZ
503		SB 17c 372	Eisenbahnmuseum Strasshof
503.14		SB 17c 406	Eisenbahnmuseum Ljubljana, SLO
503		SB 17c 415	Bahnpark Augsburg, D
58		SB 32c 1665	Eisenbahnmuseum Strasshof
162.43		ČD 313.432	Ostrava, CZ
66.03		ČD 314.303	Olomouc, CZ
169.52		ČD 404.003	Eisenbahnmuseum Jaroměř, CZ
171.20		ČD 411.019	Depot Chomutov, CZ
175.04		ČD 414.404	Eisenbahnmuseum Jaroměř, CZ
175.07		ČD 414.407	Chomutov, CZ
378'03		ČD 403.303	Eisenbahnmuseum Jaroměř, CZ
289.10		"LICAON"	Depot Haringsee des TMW
294.09		FS 899.006	Eisenbahnmuseum Pietrarsa, I
494.62			Rohrbach
594.01		GKB 1851	Bärnbach
296.01		"STAMMERSDORF"	Museumstramway Mariazell
197.30		ČD 310.127	Eisenbahnmuseum Lužná, CZ
197.37		ČD 310.134	Technisches Museum Brno, CZ
214.10	12.10		Eisenbahnmuseum Strasshof
10.13	15.13		Eisenbahnmuseum Strasshof
310.15	16	ČD 375.007	Technisches Museum Praha, CZ
310.23	16.08		Eisenbahnmuseum Strasshof
113.02	33.102		Eisenbahnmuseum Strasshof
113.32	"33.132"		Brenner & Brenner, Wien FJB
429.195	35.817	PKP Ol12-7	Chabówka, PL
429.1971	35.233		Eisenbahnmuseum Strasshof
429.1996	35	ČD 354.7152	KHKD Praha Vrsovice, CZ
109.13	38.4101	SB 109.13	Eisenbahnmuseum Strasshof
	42.2708		Eisenbahnmuseum Strasshof
	50.685		Technikmuseum Speyer, D
	50.1171		Brenner & Brenner, St.Pölten
	52.100		Eisenbahnmuseum Strasshof
	52.221		St. Sulpice, CH
	52.855		Eisenbahnmuseum Sigmundsherberg
	52.1198		ÖGEG Ampflwang
	52.1227		Brenner & Brenner, Wien FJB
	52.3314		CFT3V - Chemin de Fer Touristique de Trois Vallees, B
	52.3316		ÖGEG Ampflwang
	52.3504		Groupement des Amis du Rail, Luxemburg
	52.3517		ÖGEG Ampflwang
	52.3816		Lienz
	52.3879		Veluwsche Stoomtrein Maatschappij, NL
	52.4552		ÖGEG Ampflwang
	52.4984		Lokteam, Trumau
	52.5422		Südbahnmuseum Mürzzuschlag
	52.5804		Neuenmarkt-Wirsberg, D
	52.7046		Selzthal
	52.7102		ÖGEG Ampflwang
	52.7409		Würzburg, D
	52.7593		Eisenbahnmuseum Strasshof
	52.7594		Eisenbahnmuseum Strasshof
	52.7596		Rottweil, D
	52.7612		Brenner & Brenner, Wien FJB
	152.3109		Auto Technik Museum Sinsheim, D
	152.4867		Historische Eisenbahn Frankfurt, D
47.17	53.7101		Eisenbahnmuseum Strasshof
49.03	153	GKB 671	Graz GKB
49	153	SB 29 674	Verkehrsmuseum Budapest, HU
49.10	153	SB 29 680	Deutsches Technikmuseum Berlin, D
49.28	153.7114		Eisenbahnmuseum Strasshof
49	153	SB 29 718	Eisenbahnmuseum Ljubljana, SLO
60.115	54.14		Eisenbahnmuseum Strasshof
73.79	55.5708		Eisenbahnmuseum Strasshof
73.368	55	ČD 414.096	Eisenbahnmuseum Lužná, CZ

Bezeichnung / Baureihe			Standort
73.372	55	SŽ 133-005	Eisenbahnmuseum Ljubljana, SLO
170.98	56	ČD 434.2278	Eisenbahnmuseum Lužná, CZ
170.133	56.3115		Museum Lieboch
170.162	56	ČD 434.2298	Eisenbahnmuseum Lužná, CZ
170.194	56	ČD 434.2315	KHKD Praha, CZ
170.264	56	SŽ 24-036	Eisenbahnmuseum Ljubljana, SLO
170.323	56	ČD 434.2186	Praha Vrsovice, CZ
170.560	56	ŽSR 434.2338	Košice, SK
170.666	56.3255	ČD 434.0170"	Eisenbahnmuseum Jaroměř, CZ
270.28	56	ŽSR 434.128	Eisenbahnmuseum Bratislava, SK
270.125	156.3423		Eisenbahnmuseum Strasshof
270.150	156	SŽ 25-019	Novo Mesto, SLO
270.158	156	FS 728.022	Eisenbahnmuseum Trieste, I
270.164	156	SŽ 25-026	Eisenbahnmuseum Ljubljana, SLO
270.202	156	SŽ 25-002	Celje, SLO
270.203	156	PKP Tr12-25	Chabówka, PL
270.205	156	SŽ 25-005	Eisenbahnmuseum Ljubljana, SLO
270.215	156	SŽ 25-018	Crnomelj, SLO
270.300	156	ČD 434.1100	Eisenbahnmuseum Lužná, CZ
80.100	57	FS 476.073	Eisenbahnmuseum Trieste, I
80.120	57	SŽ 28-029	Eisenbahnmuseum Ljubljana, SLO
80.179	57		Eisenbahnmuseum Knittelfeld
80.306	57	SŽ 28-006	Divača, SLO
80.988	57.223		Eisenbahnmuseum Strasshof
(80.3967)	57	PKP Tw12-12	Chabówka, PL
(80.4927)	57	CFR 50.025	Reşiţa, RO
(80.4943)	57	CFR 50.065	Oraviţa, RO
180.01	57		Südbahnmuseum Mürzzuschlag
180.56	57	FS 477.011	Eisenbahnmuseum Pietrarsa, I
480.01	257.601		Eisenbahnmuseum Strasshof
81.44	58.744		Eisenbahnmuseum Strasshof
(81.5692)	58	SŽ 29-010	Eisenbahnmuseum Ljubljana, SLO
580.03	258.902		Eisenbahnmuseum Strasshof
12.02	69.02		Eisenbahnmuseum Strasshof
	770.86		ÖGEG Ampflwang
229.03	75.869	HŽ 116-037	Zagreb, HR
229.91	75	SŽ 116-002	Eisenbahnmuseum Ljubljana, SLO
229.170	75.743	JŽ 116-032	Eisenbahnmuseum Trieste, I
229.222	75		Eisenbahnmuseum Strasshof
29.22	175.817		Eisenbahnmuseum Strasshof
629.43	77.28		ÖGEG Ampflwang
629.101	77.66		Eisenbahnmuseum Strasshof
629.80	77	SŽ 18-005	Dravograd, SLO
629.59	77.250		Hohenems
629.65	77.244		Lienz
729.06	78.606		Eisenbahnmuseum Strasshof
729.18	78.618		ÖGEG Ampflwang
729.25	78.625		ÖGEG Ampflwang
	86.476		ÖGEG Ampflwang
184.04	88	Stiegl 1	Historama Ferlach
184.05	88.01		Eisenbahnmuseum Strasshof
97.02	89	ČD 310.001	Olomouc, CZ
97.20	89	ČD 310.006	Eisenbahnmuseum Jaroměř, CZ
97.69	89	SŽ 150-003	Eisenbahnmuseum Ljubljana, SLO
97.73	89		Eisenbahnmuseum Strasshof
97.98	89	ČD 310.037	Eisenbahnmuseum Lužná, CZ
97.161	89	ČD 310.072	Plzeň, CZ
97.167	89	ČD 310.076	Eisenbahnmuseum Lužná, CZ
97.194	89	ČD 310.093	České Budejovice, CZ
97.198	89	ŽSR 310.097	Eisenbahnmuseum Bratislava, SK
97.206	89	ČD 310.0102	Eisenbahnmuseum Lužná, CZ
97.214	89	ŽSR 310.0107	Eisenbahnmuseum Bratislava, SK
97.227	89	ČD 310.0118	Technisches Museum Praha, CZ
97.234	89	ŽSR 310.0123	Eisenbahnmuseum Bratislava, SK
97.254	89	PKP Tkh12-6322	Tarnowskie Gory, PL
	789.837	DB 89.837	Nördlingen, D
	989.01		Probstdorf

Bezeichnung / Baureihe			Standort
30.33	90		Eisenbahnmuseum Strasshof
30.109	90		Eisenbahnmuseum Strasshof
99.23	91	SŽ 153-004	Ruše, SLO
99.32	91.32		Mürzzuschlag
99.34	91	SŽ 153-006	Ljubljana-Zalog, SLO
99.64	91	SŽ 153-011	Ajdovščina, SLO
199.07	91.107		VEF Groß Schwechat
178.02	92	ČD 422.002	Eisenbahnmuseum Lužná, CZ
178.23	92	ŽSR 422.012	Zvolen, SK
178.49	92	ČD 422.025	Eisenbahnmuseum Lužná, CZ
178.802	92.2220		Puchberg
178.84	92.2231		VEF Groß Schwechat
178.97	92.2234		Eisenbahnmuseum Strasshof
178.139	92	ČD 422.062	Kolin, CZ
178.195	92	ČD 422.098	Eisenbahnmuseum Lužná, CZ
178.204	92	SŽ 52-011	Laško, SLO
(178.217)	92	"92.2271"	Zwettl
478.30	392.2530		ÖGEG Ampflwang
378.26	93.1326		ÖGEG Ampflwang
378.32	93.1332		Weizelsdorf
378.35	93.1335		Eisenbahnmuseum Sigmundsherberg
378.60	93.1360		Technikmuseum Vonwillerka, D
378.64	93.1364		Ernstbrunn
378.78	93.1378		Eisenbahnmuseum Neustadt/Weinstraße, D
378.79	93.1379		Schwarzach-St.Veit
378.94	93.1394		ÖGEG Ampflwang
378.103	93.1403		Eisenbahnmuseum Strasshof
378.106	93.1406	SŽ 53-017	Murska Sobota, SLO
378.110	93.1410		Landeseisenbahn Lippe, Bösingfeld, D
378.116	93.1416	SŽ 53-019	Naklo, SLO
378.120	93.1420		Neue Landesbahn, Mistelbach
378.121	93.1421		Eisenbahnmuseum Sigmundsherberg
378.122	93.1422		Absdorf
378.134	93.1434		Zwettl
378.139	93	SŽ 53-003	Rogatec, SLO
378.155	93.1455		ÖGEG Ampflwang
	694.503		ÖGEG Ampflwang
82.12	95.112		Payerbach-Reichenau
69.01	97.201		Vordernberg
69.03	97.203		Großpetersdorf
69.08	97.208		Eisenbahnmuseum Strasshof
69.10	97.210		Darmstadt-Kranichstein, D
69.17	97.217		Vordernberg
269.01	197.301		Eisenbahnmuseum Strasshof
	297.401		Vordernberg
U.5	298.05		ÖGEG Grünburg
U.7	298		Birkfeld
U.8	298		Birkfeld
U.9	298		Bischofstetten
U.11	298		StLB Murau
U.12	298.12	ČD U37.002	JHMD Jindřichův Hradec, CZ
U.14	298.14		Dörzbach, D
U.24	298.24		BWB Bezau
U.25	298.25		BWB Bezau
U.37	298		Koper, SLO
U.40	298		StLB Murau
U.41	298	ŽSR U37.006	Ružomberok, SK
U.43	298		StLB Murau
U.51	298.51		ÖGLB Kienberg-Gaming
U.52	298.52		ÖGEG Grünburg
U.53	298.53		ÖGEG Grünburg
U.54	298.54		Obergrafendorf
U.55	298.55		Kaprun
U.56	298.56		Club 760 Mauterndorf
	298.102		ÖGEG Grünburg
	298.104		ÖGLB Kienberg-Gaming
	298.106		ÖGEG Grünburg

Bezeichnung / Baureihe			Standort
Uv.5	298.205		ÖGLB Kienberg-Gaming
Uv.6	298.206		Langschlag
Uv.7	298.207		Obergrafendorf
Bh.1	398.01		StLB Murau
Uh.3	498.03		Bregenz
Uh.4	498.04		ÖGEG Grünburg
Uh.6	498.06		St.Veit/Glan
Uh.7	498.07		PLB Tischlerhäusl
Uh.8	498.08		BWB Bezau
Yv.1	598.01		Eichgraben
Yv.2	598.02		Waidhofen/Ybbs
Yv.3	598.03		Waidhofen/Ybbs
	698.01		Bad Ischl
	798.101	"NICKI FRANK S."	Puttbus, Rügen, D
	898.01		GTB Treibach-Althofen
P.2	199.02		GTB Treibach-Althofen
P.3	199.03		Izola, SLO
Mh.1	399.01		NÖVOG Gmünd
Mh.2	399.02		PLB Tischlerhäusl
Mh.3	399.03		PLB Tischlerhäusl
Mh.4	399.04		NÖVOG Gmünd
Mh.5	399.05		ÖGEG Sommerhubermühle
Mh.6	399.06		Obergrafendorf
Kh.1	499.01		GTB Treibach-Althofen
	699.01		Club 760 Mauterndorf
	699.02		Deutsches Technikmuseum Berlin, D
	699.101		GTB Treibach-Althofen
	699.103		ÖGEG Grünburg
Zz.1	999.01		NÖSBB Puchberg
Zz.2	999.02		NÖSBB Puchberg
Zz.3	999.03		NÖSBB Puchberg
Zz.4	999.04		NÖSBB Puchberg
Zz.5	999.05		NÖSBB Puchberg
Z.1	999.101	Z 1	SKGB St.Wolfgang
Z.2	999.102	Z 2	Freizeitwelt Abersee
Z.3	999.103	Z 3	Lokwelt Freilassing, D
Z.4	999.104	Z 4	SKGB St.Wolfgang
Z.5	999.105	Z 5	TMW Depot Haringsee
Z.6	999.106	Z 6	SKGB St.Wolfgang
	999.201	Z 11	SKGB St.Wolfgang
	999.202	Z 12	SKGB St.Wolfgang
	999.203	Z 13	SKGB St.Wolfgang
	999.204	Z 14	SKGB St.Wolfgang
1060.001			Technisches Museum Wien
	1010.02		Eisenbahnmuseum Strasshof
	1010.03		Club 1018 Wien FJB
	1010.04		ÖGEG Ampflwang
	1010.09		ÖGEG Ampflwang
	1010.10		Club 1018 Wien FJB
	1010.11		Eisenbahnmuseum Strasshof
	1010.13		ÖGEG Ampflwang
	1010.15		ÖGEG Ampflwang
	1110.09		ÖGEG Ampflwang
	1110.15		Eisenbahnmuseum Knittelfeld
	1110.18		ÖGEG Ampflwang
	1110.20		ÖGEG Ampflwang
	1110.23		Eisenbahnmuseum Strasshof
	1110.25		ÖGEG Ampflwang
	1110.505		Neue Landesbahn Mistelbach
	1110.522		ÖGEG Ampflwang
	1110.526		ÖGEG Ampflwang
	1110.529		ÖGEG Ampflwang
	1110.530		Club 1018 Mistelbach
	1018.02		ÖGEG Ampflwang
	1018.04	E18 204	Museum Rügen, D
	1018.05		Club 1018 Wien FJB
	1018.07		ÖGEG Ampflwang

Bezeichnung / Baureihe			Standort
	1018.08		ÖGEG Ampflwang
	1020.03		ÖGEG Ampflwang
	1020.10	E94 088	Stuttgart, D
	1020.12		Augsburg, D
	1020.17		Nördlingen, D
	1020.18		Lienz
	1020.22		ÖGEG Ampflwang
	1020.23		Lienz
	1020.24		ÖGEG Ampflwang
	1020.28		Schwarzach-St. Veit
	1020.37		ÖGEG Ampflwang
	1020.38		Eisenbahnmuseum Strasshof
	1020.041		Euskirchen, D
	1020.42		Bludenz
	1020.47		Eisenbahnmuseum Strasshof
	1040.01		Eisenbahnmuseum Strasshof
	1040.08		Eisenbahnmuseum Strasshof
	1040.09		Eisenbahnmuseum Sigmundsherberg
	1040.10		Südbahnmuseum Mürzzuschlag
	1040.13		Club 1018 Wien FJB
	1040.15		ÖGEG Ampflwang
	1041.01		Eisenbahnmuseum Strasshof
	1041.05		ÖGEG Ampflwang
	1041.06		ÖGEG Ampflwang
	1041.15		Eisenbahnmuseum Strasshof
	1141.03		Bahnpark Augsburg, D
	1141.07		ÖGEG Ampflwang
	1141.20		ÖGEG Ampflwang
	1141.21		ÖGEG Ampflwang
	1141.22		Eisenbahnmuseum Strasshof
	1141.28		Eisenbahnmuseum Strasshof
	1042.05		Südbahnmuseum Mürzzuschlag
	1042.518		ÖGEG Ampflwang
	1044.501		Eisenbahnmuseum Strasshof
1170.01	1045.01		ÖGEG Ampflwang
1170.03	1045.03		ÖGEG Ampflwang
1170.06	1045.06		ÖGEG Ampflwang
1170.09	1045.09		Eisenbahnmuseum Strasshof
1170.12	1045.12		Attnang-Puchheim
1170.14	1045.14		VEF Groß Schwechat
1170.102	1145.02		Eisenbahnmuseum Strasshof
1170.109	1145.09		Eisenbahnmuseum Strasshof
1170.201	1245.01		Eisenbahnmuseum Strasshof
1170.202	1245.02		ÖGEG Ampflwang
1170.204	1245.04		Eisenbahnmuseum Strasshof
1170.205	1245.05		St.Veit/Glan
1170.214	1245.514		Schwarzach-St.Veit
1170.216	1245.516		ÖGEG Ampflwang
1170.218	1245.518		ÖGEG Ampflwang
1170.222	1245.522		Lienz
1170.225	1245.525		Eisenbahnmuseum Knittelfeld
	1046.001		ÖGEG Ampflwang
	1046.005		Eisenbahnmuseum Strasshof
	1046.007		ÖGEG Ampflwang
	1046.013	4061.13	Club 1018 Wien FJB
	1046.016		Eisenbahnmuseum Strasshof
	1046.019		Eisenbahnmuseum Strasshof
	1046.020		ÖGEG Ampflwang
1070.02	1061.02		ÖGEG Ampflwang
1070.112	1161.12		St.Veit/Glan
1070.117	1161.17		Bischofshofen
1070.119	1161.19		ÖGEG Ampflwang
1070.120	1161.20		Lienz
	1062.07		Eisenbahnmuseum Strasshof
	1062.12		ÖGEG Ampflwang
	1067.03		Eisenbahnmuseum Knittelfeld
	1067.04		ÖGEG Ampflwang

Bezeichnung / Baureihe		Standort
1570.01	1570.01	Eisenbahnmuseum Strasshof
1670.09	1670.09	ÖGEG AMpflwang
1670.25	1670.25	Eisenbahnmuseum Strasshof
1670.104	1670.104	Bludenz
1005.01	1072.01	Eisenbahnmuseum Strasshof
1029.08	1073.08	ÖGEG Ampflwang
1029.20	1073.20	ÖGEG Ampflwang
1080.01	1080.01	Eisenbahnmuseum Strasshof
1080.07	1080.07	Eisenbahnmuseum Strasshof
1080.11	1080.11	ÖGEG Ampflwang
1080.104	1180.04	ÖGEG Ampflwang
1080.109	1180.09	Bludenz
1280.14	1280.14	ÖGEG Ampflwang
1085.02	1985.02	VEF Groß Schwechat
1100.06	1089.06	Auto Technik Museum Sinsheim, D
1100.102	1189.02	ÖGEG Ampflwang
1100.105	1189.05	Eisenbahnmuseum Strasshof
1100.109	1189.09	ÖGEG Ampflwang
	1099.02	TMW Depot Marchegg
	1099.06	Kirchberg an der Pielach
	2020.01	Neue Landesbahn Mistelbach
	2043.01	Eisenbahnmuseum Knittelfeld
	2043.023	Eisenbahnmuseum Strasshof
	2043.027	Neue Landesbahn Mistelbach
	2043.035	Eisenbahnmuseum Strasshof
	2043.037	Eisenbahnmuseum Strasshof
	2043.044	Eisenbahnmuseum Strasshof
	2043.049	Lienz
	2043.052	Eisenbahnmuseum Strasshof
	2043.053	Eisenbahnmuseum Strasshof
	2043.065	Neue Landesbahn Mistelbach
	2043.555	ÖGEG
	2143.037	Eisenbahnmuseum Strasshof
	2143.038	Neue Landesbahn Mistelbach
	2143.048	Neue Landesbahn Mistelbach
	2143.055	Neue Landesbahn Mistelbach
	2143.056	Neue Landesbahn Mistelbach
	2143.066	Eisenbahnmuseum Strasshof
	2143.070	Neue Landesbahn Mistelbach
	2143.072	Eisenbahnmuseum Strasshof
	2045.01	ÖCD St. Aegyd
	2045.02	Eisenbahnmuseum Strasshof
	2045.09	Neue Landesbahn Mistelbach
	2045.12	ÖGEG Ampflwang
	2045.15	Lienz
	2045.19	Neue Landesbahn Mistelbach
	2045.20	Eisenbahnmuseum Strasshof
	2050.02	Eisenbahnmuseum Strasshof
	2050.03	ÖGEG Ampflwang
	2050.04	Eisenbahnmuseum Strasshof
	2050.05	ÖGEG Ampflwang
	2050.08	ÖGEG Ampflwang
	2050.12	Neue Landesbahn Mistelbach
	2050.15	Neue Landesbahn Mistelbach
	2050.16	ÖGEG Ampflwang
	2050.17	ÖGEG Ampflwang
	2050.18	Eisenbahnmuseum Knittelfeld
	2060.04	Eisenbahnmuseum Strasshof
	2060.09	Stammersdorf
	2060.11	Eisenbahnmuseum Sigmundsherberg
	2060.13	Friedberg
	2060.14	Friedberg
	2060.22	ÖGEG Ampflwang
	2060.32	ÖGEG Ampflwang
	2060.35	Migos, I
	2060.48	Hermagor
	2060.52	ÖGEG Ampflwang

Bezeichnung	Baureihe		Standort
	2060.55		Historama Ferlach
	2060.57		Eisenbahnmuseum Knittelfeld
	2060.58		Sulz-Nexing
	2060.64		Historama Ferlach
	2060.65		ÖGEG Ampflwang
	2060.69		Vordernberg
	2060.74		Eisenbahnmuseum Strasshof
	2060.86		Eisenbahnmuseum Strasshof
	2060.91		Neue Landesbahn Mistelbach
	2060.92		ÖGEG Ampflwang
	2060.94		ÖGEG Ampflwang
	2060.99		ÖGEG Ampflwang
	2061.01		ÖCD St. Aegyd
	2062.02		Historama Ferlach
	2062.03		ÖCD St. Aegyd
	2062.12		Historama Ferlach
	2062.26		ÖCD St. Aegyd
	2062.29		ÖCD St. Aegyd
	2062.33		Eisenbahnmuseum Strasshof
	2062.34		ÖGEG Ampflwang
	2062.36		ÖGEG Ampflwang
	2062.38		ÖGEG Ampflwang
	2062.49		Lienz
	2062.53		Friedberg
	2062.55		Eisenbahnmuseum Strasshof
	2066.01		Eisenbahnmuseum Strasshof
	2067.04		Eisenbahnmuseum Strasshof
	2067.06		ÖGEG Ampflwang
	2067.08		Neue Landesbahn Mistelbach
	2067.09		Eisenbahnmuseum Strasshof
	2067.14		ÖGEG Ampflwang
	2067.28		ÖGEG Ampflwang
	2067.70		Neue Landesbahn Mistelbach
	2067.90		Eisenbahnmuseum Strasshof
	2067.96		Eisenbahnmuseum Strasshof
	2067.100		Neue Landesbahn Mistelbach
	2067.102		ÖGEG Ampflwang
2021/s.01	2090.01		Obergrafendorf
2040/s.01	2190.01		ÖGLB Kienberg-Gaming
2040/s.02	2190.02		Heidenreichstein
2040/s.03	2190.03		Obergrafendorf
2041/s.02	2091.02		Heidenreichstein
2041/s.03	2091.03		Club 760 Mauterndorf
2041/s.04	2091.04		BWB Bezau
2041/s.07	2091.07		Heidenreichstein
2041/s.08	2091.08		BWB Bezau
2041/s.09	2091.09		Heidenreichstein
2041/s.11	2091.11		Obergrafendorf
	2092.01		BWB Bezau
	2092.03		Obergrafendorf
	2092.04		Heidenreichstein
2070/s.01	2093.01		ÖGLB Kienberg-Gaming
	2095.13		BWB Bezau
DT1.001		ČSD M124.001	Technisches Museum Praha, CZ
DT1.07	3071.07		Eisenbahnmuseum Strasshof
	4010.009		ÖGEG Ampflwang
	4010.022		Eisenbahnmuseum Strasshof
ET24.05	4924.05		Museumstramway Mariazell
	4030.208		Eisenbahnmuseum Strasshof
	4030.210		VEF Groß Schwechat
ET10.01	4041.01		ÖGEG Ampflwang
ET10.03	4041.03		Eisenbahnmuseum Strasshof
ET11.01	4042.01		St.Veit/Glan
ET11.02	4042.02		St.Veit/Glan
ET30.02	4060.02		Eisenbahnmuseum Strasshof
VT11.02	5029.01		TMW Depot Marchegg
VT41.03	5041.03		VEF Groß Schwechat
VT42.14	5042.14		Eisenbahnmuseum Strasshof
VT42.06	5044.06		ÖCD St. Aegyd
	5144.01		Semmering
	5144.04		ÖGEG Ampflwang
	5145.01		Eisenbahnmuseum Strasshof
	5145.09		ÖGEG Ampflwang
	5145.11		Eisenbahnmuseum Strasshof
	5145.14		Eisenbahnmuseum Strasshof
	5046.201		Eisenbahnmuseum Strasshof
	5046.204		Eisenbahnmuseum Strasshof
	5046.206		Eisenbahnmuseum Strasshof
	5046.214		ÖCD St. Aegyd
	5046.215		ÖGEG Ampflwang
	5046.216		Mistelbach
	5146.201		ÖGEG Ampflwang
	5146.205		Mistelbach
	5146.206	GySEV 5146-02	Eisenbahnpark Budapest, HU
	5146.207		ÖGEG Ampflwang
	5146.208		Neue Landesbahn Mistelbach
	5081.01		ÖGEG Ampflwang
	5081.02		ÖGEG Ampflwang
	5081.03		Kornwestheim, D
	5081.13		Eisenerz
	5081.14		Eisenbahnmuseum Strasshof
	5081.15		Eisenbahnmuseum Strasshof
	5081.19		Eisenbahnfreunde Passau
	5081.21		ÖGEG Ampflwang
	5081.54		Eisenbahnmuseum Strasshof
	5081.55		Fehring
	5081.561		Kornwestheim, D
	5081.562		Vordernberg
	5081.563		Vordernberg
	5081.564		Vordernberg
	5081.565		Vordernberg
	5099.001		Hollabrunn
	X110.02		ÖGEG Ampflwang
	X111.04		Eisenbahnmuseum Strasshof
	X112.02		MVT Berlin, D
	X112.06		Eisenbahnmuseum Strasshof
	X112.07		Eisenbahnmuseum Knittelfeld
	X130.01		Eisenbahnmuseum Strasshof
	X130.02		Weizelsdorf
	X130.03		Weizelsdorf
	X150.01		Erbach, D
	X150.03		Vordernberg
	X150.05		Eisenbahnmuseum Sigmundsherberg
	X150.08		Eisenbahnmuseum Knittelfeld
	X150.09		ÖGEG Ampflwang
	X170.01		Eisenbahnmuseum Strasshof

ÖBB TRIEBFAHRZEUGE BEI ANDEREN BAHNEN

Bezeichnung / Baureihe		Standort
1012.001	141.001	Hectorrail, S
1012.002	141.002	Hectorrail, S
1012.003	141.003	Hectorrail, S
1020.044		Pro-Lok
1822.001		P&P Krieglach
1822.003		P&P Krieglach
1822.004		P&P Krieglach
1141.024		Pro-Lok
1042.007		Widmer Rail Services, CH
1042.020		Widmer Rail Services, CH
1042.23		Pro-Lok
1042.032		Widmer Rail Services, CH
1042.041		Widmer Rail Services, CH
1042.520		Centralbahn, D
1142.551	142.104	Hectorrail, S
1142.558	142.105	Hectorrail, S
1142.562		Steiermarkbahn
1142.563	142.106	Hectorrail, S
1142.578		Steiermarkbahn
1142.579		Pro-Lok
1142.590	142.212	Hectorrail, S
1142.605	142.209	Hectorrail, S
1142.613		Steiermarkbahn
1142.614		Pro-Lok
1142.617		Pro-Lok
1142.623		Steiermarkbahn
1142.628		Steiermarkbahn
1142.629	142.108	Hectorrail, S
1142.630		GCA
1142.635		Pro-Lok
1142.642		GCA
1142.645	142.002	Hectorrail, S
1142.646		GCA
1142.650	142.110	Hectorrail, S
1142.651		SVG, D
1142.655		Pro-Lok
1142.656		GCA
1142.657	142.211	Hectorrail, S
1142.660	142.003	Hectorrail, S
1142.661	142.001	Hectorrail, S
1142.663		GCA
1142.671		Pro-Lok
1142.696		GCA
1142.704		Centralbahn, D
1142.705		Pro-Lok
1043.001	ELL 001R	TAGAB > Banverket > Infranord, S
1043.002	ELL 002R	TAGAB > Banverket > Infranord, S
1043.003	ELL 003R	TAGAB > Banverket > Infranord, S
1043.004	Rc2 004	TGOJ > TAGAB, S
1043.006	Rc2 006	TAGAB, S
1043.007	Rc2 007	TGOJ > TAGAB, S
1043.008	Rc2 008	TGOJ > TAGAB, S
1043.009	Rc2 009	TAGAB, S
1043.010	Rc2 010	TAGAB, S
1046.024		Centralbahn, D
1099.001		Obergrafendorf
1099.003		Crişcior, RO
1099.005		Crişcior, RO
1099.007	E.7	NÖVOG St.Pölten
1099.008		Obergrafendorf
1099.009		Crişcior, RO
1099.010	E.10	NÖVOG St.Pölten
1099.011	E.11	NÖVOG St.Pölten

Bezeichnung / Baureihe		Standort
1099.012		Crişcior, RO
1099.013	(E.13)	NÖVOG St.Pölten
1099.014	E.14	NÖVOG St.Pölten
1099.016		Obergrafendorf
2043.030		IPE Locomotori, I
2043.054		IPE Locomotori, I
2143.003		RTS Fischamend
2143.004		RTS Fischamend
2143.005		RTS Fischamend
2143.006		Stauden Verkehrs Gesellschaft, D
2143.007		RTS Fischamend
2143.008		RTS Fischamend
2143.010		RTS Fischamend
2143.012		RTS Fischamend
2143.014		RTS Fischamend
2143.016		RTS Fischamend
2143.018		Stauden Verkehrs Gesellschaft, D
2143.021		Stauden Verkehrs Gesellschaft, D
2143.023		RTS Fischamend
2143.025		RTS Fischamend
2143.026		RTS Fischamend
2143.031		RTS Fischamend
2143.032		RTS Fischamend
2143.051		Pro-Lok
2143.058		Pro-Lok
2143.067		Pro-Lok
2143.068		Pro-Lok
2143.077		RTS Fischamend
2048.001	V83	SLB Itzling
2048.002	V100.53	SETG
2048.003	V100.54	SETG
2048.004	V86	SLB Itzling
2048.005	99 87 9 182 506-5	Travaux Du Sud Ouest, F
2048.006	99 87 9 384 502-0	Eurovia Travaux Ferroviaires, F
2048.007	92 87 0211 049-7	Eurovia Travaux Ferroviaires, F
2048.008	149	Captrain, D
2048.009	99 87 9 182 575-0	OFFROY SAS, F
2048.010	99 87 9 182 533-9	Genifer SARL, F
2048.011	99 87 9 182 623-8	Olichon SAS, F
2048.012	CLF 14	Costruzioni Linee Ferroviarie Spa, I
2048.013	99 87 9 182 531-3	Eurovia Travaux Ferroviaires, F
2048.014	V 100 1365	Bayern Bahn, D
2048.015	99 87 9 384 501-2	Eurovia Travaux Ferroviaires, F
2048.016	99 87 9 182 511-5	Matériel Travaux Ferroviaires, F
2048.017	99 87 9 182 579-2	R Vecchietti, F
2048.018	V87	SLB Itzling
2048.019	99 87 9 182 611-3	Travaux Du Sud Ouest, F
2048.020	D D FMT BA 1318 B	Ferrovie del Gargano, I
2048.021	99 87 9 182 532-1	Frasca SAS, F

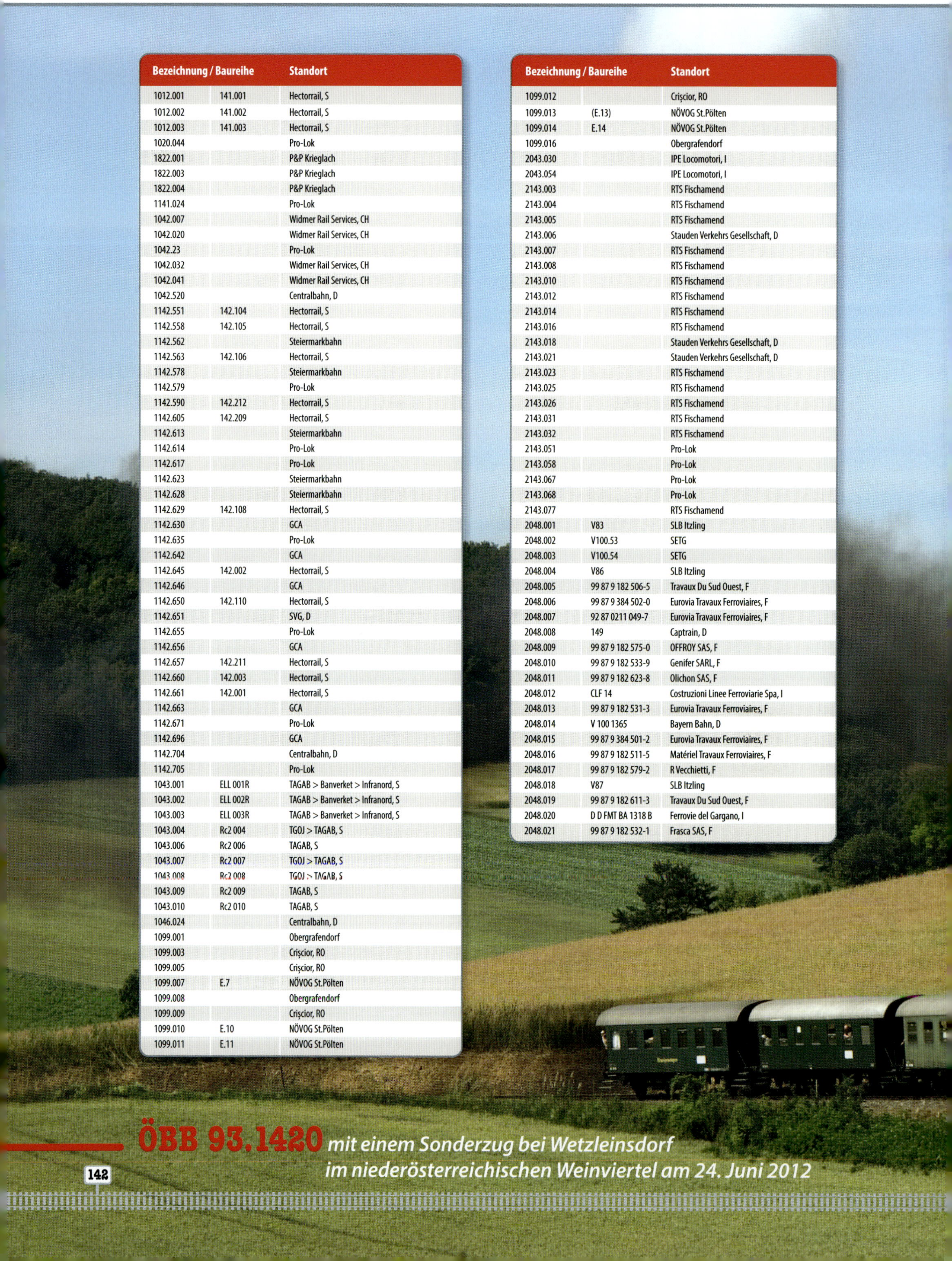

ÖBB 93.1420 *mit einem Sonderzug bei Wetzleinsdorf im niederösterreichischen Weinviertel am 24. Juni 2012*

Bezeichnung	Baureihe	Standort
2048.022	99 87 9 182 581-8	Eurovia Travaux Ferroviaires, F
2048.023	K 211	Servizi Ferroviari, I
2048.024		STB Werndorf
2048.025	99 87 9 182 558-6	Travaux Du Sud Ouest, F
2048.026	V 142-69	Vallourec Tubes, F
2048.027	T 1904	Ge.Fer. S.p.A., I
2048.028	99 87 9 182 507-3	Olichon SAS, F
2048.029	D D FMT BA 1038 X	Fersalento S.r.l., I
2048.030	99 87 9 182 572-7	Travaux Du Sud Ouest, F
2048.031	D D FMT BA 1048 Y	Fersalento S.r.l., I
2048.032	L11	HUPAC, Busto Arsizio, I
2048.033	92 87 0211 006-7	ArcelorMittal, F
2048.034	99 87 9 182 576-8	Travaux Du Sud Ouest, F
2060.001	RE02	StLB
2060.007	RE03	StLB
2060.008	RE01	StLB
2060.023		Zementwerk Hatschek, Gmunden
2060.024		Sugana, Enns
2060.029		Kalkwerk Tagger, Golling
2060.030	RE04	StLB
2060.054	TK 7007	Francesco Ventura, I
2060.059	TK 7008	Francesco Ventura, I
2060.063	TK 7009	Francesco Ventura, I
2060.065		Schiffswerft Linz
2060.082		Pro-Lok
2060.085		Agrana Hohenau
2062.004		Rhomberg Bahntechnik, Dornbirn
2062.006		Alstom Bangkok, Thailand
2062.009		Notari, I
2062.011		Schärdinger Granit
2062.017		Alstom Bangkok, Thailand
2062.021		Gleisfrei Costruzioni, I
2062.022		ZRS Doboj, BIH
2062.023		ZRS Doboj, BIH
2062.031		RTS Fischamend
2062.037		Coopérative Agricole Lorraine, Ecrouves, F
2062.045		ZRS Doboj, BIH
2062.047	VR 0336	Quadrio Gaetano Construzione, I
2062.048	FI 1409	D'Adetta, I
2062.058		Alstom Bangkok, Thailand

Bezeichnung	Baureihe	Standort
2064.006	RM 1826	Ceprini, I
2067.017		RTS Fischamend
2067.023		RTS Fischamend
2067.060		RTS Fischamend
2067.062		RTS Fischamend
2067.083		RTS Fischamend
2067.091		RTS Fischamend
2068.010	409.001	Rail Cargo Carrier, HU
2068.013	409.002	Rail Cargo Carrier, HU
2091.010	VT 199 030	Döllnitzbahn, D
2091.012	VT 199 031	Döllnitzbahn, D
2092.002	Vs 51	PLB Tischlerhäusl
2095.001	Vs 71	PLB Tischlerhäusl
2095.004	Vs 72	PLB Tischlerhäusl
2095.005	V 5	NÖVOG Gmünd
2095.006	Vs 73	PLB Tischlerhäusl
2095.007		NÖVOG St.Pölten
2095.008	Vs 74	PLB Tischlerhäusl
2095.009	V 9	NÖVOG St.Pölten
2095.010	V 10	NÖVOG St.Pölten
2095.011		CFI Criscior, RO
2095.012	V 12	NÖVOG Gmünd
2095.014		CFI Criscior, RO
2095.015	V 15	NÖVOG St.Pölten
2096.001	Vs 81	PLB Tischlerhäusl
4030.238		Deutsche Regionaleisenbahn, D
4030.239		Deutsche Regionaleisenbahn, D
5047.008	247.503	GySEV
5047.020	247.504	GySEV
5047.031	247.505	GySEV
5047.044	247.506	GySEV
5047.062	247.507	GySEV
5047.068	247.508	GySEV
5047.100	247.509	GySEV
5147.001	1446.517	GySEV
5147.002	2446.517	GySEV
5147.003	1446.513	GySEV
5147.004	2446.513	GySEV
5147.005	1446.514	GySEV
5147.006	2446.514	GySEV
5147.007	1446.515	GySEV
5147.008	2446.515	GySEV
5147.009	1446.516	GySEV
5147.010	2446.516	GySEV
5081.051		NÖVOG Etsdorf-Strass
5090.001	VT 1	Zillertalbahn
5090.002	VTs 12	PLB Tischlerhäusl
5090.003	VTs 13	PLB Tischlerhäusl
5090.004	VTs 14	PLB Tischlerhäusl
5090.005	VTs 15	PLB Tischlerhäusl
5090.006	VTs 16	PLB Tischlerhäusl
5090.007	VTs 17	PLB Tischlerhäusl
5090.008	VT 8	NÖVOG Gmünd
5090.009	VT 9	NÖVOG Waidhofen/Ybbs
5090.010	VT 10	NÖVOG Waidhofen/Ybbs
5090.011	VT 11	NÖVOG Gmünd
5090.012	VT 12	NÖVOG Waidhofen/Ybbs
5090.013	VT 13	NÖVOG Gmünd
5090.014	VT 14	NÖVOG Gmünd
5090.015	VT 137 515	Döllnitzbahn, D
5090.016	VT 16	NÖVOG St.Pölten
5090.017	VT 17	NÖVOG Waidhofen/Ybbs
5099.002	VTz 22	SKGB St.Wolfgang

ABKÜRZUNGEN

Abkürzung	Bezeichnung
BBÖ	Österreichische Bundesbahnen 1921-1938
Bh	Loktype Bregenz, Heißdampfausführung
BWB	Bregenzerwaldbahn
CAT	City Airport Train
ČD	Tschechische Staatsbahnen
CFI	Calea Ferata Ingusta
CFR	Rumänische Staatsbahnen
ČSD	Tschechoslowakische Staatsbahnen
DB	Deutsche Bahn AG
DRG	Deutsche Reichsbahn Gesellschaft
DRo	Deutsche Reichsbahn in der Ostzone
DRw	Deutsche Reichsbahn in der Westzone
DTKC	Dampftramwaygesellschaft Krauss & Co.
ESG	Eisenbahn Service Gesellschaft
FS	Italienische Staatsbahnen
GCA	Grampetcargo Austria
GKB	Graz-Köflacher Eisenbahn
GTB	Gurkthalbahn - Kärntner Museumsbahn seit 1974
GTO	Gate-Turn-Off
GySEV	Györ-Sopron-Ebenfurti Vasút
HW	Hauptwerkstätte
HŽ	Kroatische Staatsbahnen
JHMD	Jindrichohradecke mistni drahy
JDŽ	Jugoslawische Staatsbahnen
JŽ	Jugoslawische Eisenbahnen
KFNB	Kaiser-Ferdinand-Nordbahn
Kh	Loktype Kühnsdorf, Heißdampfausführung
KHKD	Klubu historie kolejové dopravy Praha
kkStB	k.k.österreichische Staatsbahnen
LWP	Lokalbahn Wien-Pressburg
MAV	Ungarische Staatseisenbahnen
MBS	Montafonerbahn Schruns
Mh	Loktype Mariazell, Heißdampfausführung
Mv	Loktype Mariazell, Verbundausführung
MVT	Museum für Verkehr und Technik
MWB	Mittelweserbahn

Abkürzung	Bezeichnung
NÖLB	Niederösterreichische Landesbahnen
NÖSBB	Niederösterreichische Schneebergbahn
NÖVOG	Niederösterreichische Verkehrsorganisationsgesellschaft
ÖBB	Österreichische Bundesbahnen ab 1947
ÖCD	Österreichischer Club für Diesellokomotivgeschichte
ÖGEG	Österreichische Gesellschaft für Eisenbahngeschichte
ÖGLB	Österreichische Gesellschaft für Lokalbahnen
P&P	P&P Eisenbahntechnik
PKP	Polnische Staatsbahnen
PLB	Pinzgauer Lokalbahn
PTKiGK	Przedsiębiorstwo Transportu Kolejowego i Gospodarki Kamieniem
RPS	Rail Professionals Stütz
RTS	Rail Transport Service
SB	Südbahngesellschaft
SETG	Salzburger Eisenbahn Transportlogistik GmbH
SGP	Simmering-Graz-Pauker AG
SKGB	Salzkammergutbahn
SLB	Salzburger Lokalbahn
SLM	Schweizerische Lokomotiv- und Maschinenfabrik
SSN	Stoom Stichting Nederlands
StEG	Maschinenfabrik der Staats-Eisenbahn-Gesellschaft, Wien
StH	Stern und Hafferl
StLB	Steiermärkische Landesbahnen
SŽ	Slowenische Statsbahnen
TAGAB	Tågakeriet i Bergslagen
TGOJ	TGOJ Trafik
TMW	Technisches Museum Wien
TS	Technische Services
U	Loktype Unzmarkt, Naßdampfausführung
Uh	Loktype Unzmarkt, Heißdampfausführung
Uv	Loktype Unzmarkt, Verbundausführung
VEF	Verband der Eisenbahnfreunde
WLB	Wiener Lokalbahnen
WRS	Widmer Rail Services
ŽRS	Železnice Republike Srpske
ŽSR	Slowakische Staatsbahnen